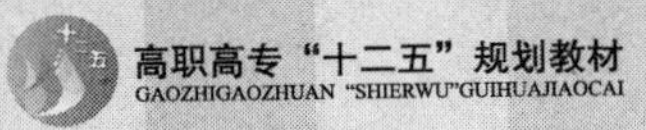

财务会计实务学习指导、习题与项目实训

CAIWU KUAIJI SHIWU XUEXIZHIDAO
XITI YU XIANGMU SHIXUN

•主　编　杨秀玉　何忠谱
•副主编　马志坚　程海涛

中国传媒大学出版社

《财务会计实务学习指导、习题与项目实训》是《财务会计实务》的配套教辅用书，该书以帮助学生理清知识架构、学习思路，巩固专业理论知识学习以及履行岗位职责为目标，在侧重会计核算的基础上，提供完整岗位的业务训练。

本书由两部分组成：

第一部分：学习指导与习题

学习指导包括各章节的学习目标，学习内容基本结构框架，学习重点、难点内容；习题有单项选择题、多项选择题、判断题、计算与会计处理题等。

第二部分：模拟实训案例

模拟实训案例模拟工业企业经济业务，进入实务操作，包括对原始凭证的审核与记账凭证的编制（一个月的完整资料）、账簿的设置与登记、会计报表的编制与报送（年报）的全过程进行模拟操作。通过模拟实训使学生亲身体验会计核算的要领及会计监督的重点，为以后上岗奠定良好的基础。

本书特点：

（1）“双师型”编者队伍。80%以上编者是专业造诣和技能水平较高、编写教材经验丰富、责任心强的双师型资深骨干教师。他们都有企业工作经历或在企业中兼职，在实践中学习操作技能，了解前沿知识和先进方法，从而改进和充实自己的教学内容，并将其反映到新编教材中。

（2）体系构架完整，内容精心编排。编者根据《财务会计实务》课程中各章节的教学目的、教学重点和难点，分章节精心设计和编制相关的练习题和实训题，使学生进一步巩固并掌握《财务会计实务》教材中所学会计专业理论知识和专业技能。

（3）落实《财务会计实务》课程的设计理念：课证融合、校企合作、工学结合。一是参考初级会计师考试的标准题型和题量，对习题部分的题型、题量、会计业务处理内容进行丰富、完善。二是邀请行业、企业和教育理论专家组成教材编写小组，由他们提出市场对人才的规格要求，在此基础上再由有关教育专家和科研人员，按照人才规格要求，进行能力结构分解，设计出适应能力素质培养的实训内容，为学生提供一个综合性工作任务和工作过程，深化学生对专业知识和专业技能的整体性理解，培养学生的职业意识和职业能力。三是建立服务于工学结合的职业化实训教材，将专业核心课程建设成促进职业成才的课程，将项目化实训教材建设成促进职业成长的教材。让学生在学中做，做中学，教、学、做一体化。

本书不仅可以作为财会类专业学生的学习辅导训练教材，也可以作为企业会计、各级管理者等有关人员的培训资料，以及从业人员的自学教材。

本书由海南经贸职业技术学院杨秀玉、何忠谱担任主编，马志坚、程海涛担任副主编。参加本书编写的有（以姓氏笔画为序）：马志坚、马超侠、叶永辉、张光锋、杨秀玉、何忠谱、何春姬、程海涛、魏小丹。

本书在编写过程中得到了海南发展控股公司财务主管戴三娥的大力支持，在此表示衷心的感谢！

由于作者的水平和实践经验有限，书中难免存在疏漏之处，恳请读者批评指正，我们将在修订版中予以更正。

编　者

2012 年 12 月

目 录

出纳岗位核算

【学习目标】

1. 掌握：出纳岗位工作技能和货币资金的会计处理规则。
2. 理解：货币资金项目在资产负债表中的列示方法。
3. 了解：出纳岗位职责和权限。

【学习重点与难点】

（一）库存现金

1. 库存现金的管理

包括库存现金的使用范围、库存现金的限额和库存现金收支的规定。

2. 库存现金的核算

（1）库存现金的总账核算。设置“库存现金”总账，核算现金的收入、支出和结存情况；企业内部各部门周转使用的备用金，可以单独设置“备用金”科目核算。

（2）库存现金的明细分类核算。应日清月结。每日终了，应进行账款核对；每月末，月份终了，“库存现金日记账”的余额必须与“库存现金”总账科目的余额核对相符。

3. 现金的清查

(1) 出纳人员自查，出纳人员每日终了前进行的现金账款核对。

(2) 清查小组清查，清查小组进行的定期或不定期的现金盘点、核对。

①清查方法：

一般采用实地盘点法。清查时，出纳人员必须在场。

②清查内容：

检查是否挪用现金、白条顶库、超限额留存，账款是否相符等。

③清查结果：

制现金盘点报告单，注明现金溢缺，由出纳人员和盘点人员签字盖章。

(3) 库存现金清查结果的处理。

①现金短款（库存现金<账面余额）：

A. 发现短款：

借：待处理财产损溢

　　贷：库存现金

B. 处理意见形成：

借：管理费用（无法查明原因）

　　其他应收款（责任人、保险公司赔偿部分）

　　贷：待处理财产损溢

②现金长款（库存现金>账面余额）：

A. 发现长款：

借：库存现金

　　贷：待处理财产损溢

B. 处理意见形成：

借：待处理财产损溢

　　贷：其他应付款（应支付给单位或个人）

　　　　营业外收入（无法查明原因）

（二）银行存款清查

银行存款的清查主要采用核对法，即用银行存款日记账与开户银行转来的“对账单”进行核对。企业银行存款账面余额与银行对账单余额之间如有差额，应通过编制“银行存款余额调节表”调节相符。

银行存款余额调节表只是为了核对账目，并不能作为调整银行存款账面余额的记账依据。

（三）其他货币资金

其他货币资金主要包括外埠存款、银行本票存款、银行汇票存款、信用证存款、信用卡存款和存出投资款等。

企业应设置“其他货币资金”科目，核算其他货币资金的收支和结存情况。

其他货币资金的账务处理如下：

(1) 企业向银行存入其他货币资金时。

借：其他货币资金

　　贷：银行存款

（2）其他货币资金使用时。

借：材料采购等

应交税费——应交增值税（进项税额）

贷：其他货币资金

（3）余款退回时。

借：银行存款

贷：其他货币资金

一、单项选择题

1. 下列各项中，不属于货币资金的是（　　）。

A. 银行存款　B. 外埠存款　C. 银行本票存款　D. 银行承兑汇票

2. 企业在会计岗位分工中，下列做法正确的是（　　）。

A. 出纳员兼记总账　B. 出纳员兼记主营业务收入明细账

C. 出纳员兼记管理费用明细账　D. 出纳员兼记固定资产明细账

3. 下列各项中，根据《现金管理暂行条例》规定，不能用现金结算的是（　　）。

A. 职工工资和津贴　B. 按规定发给个人的奖金

C. 向个人收购农副产品的价款　D. 向农业企业收购农副产品的价款

4. 根据《现金管理暂行条例》规定，结算起点以下的零星支出是指支出金额在（　　）。

A. 2 000 元以下　B. 1 000 元以下　C. 100 元以下　D. 500 元以下

5. 对无法查明原因的定额内现金短款，经批准后应记入（　　）。

A. 其他应付款　B. 管理费用　C. 营业外支出　D. 待处理财产损溢

6. 除中国人民银行另有规定外，支票的提示付款期限一般为自出票日起（　　）。

A. 7 天　B. 10 天　C. 15 天　D. 5 天

7. 银行汇票的付款期限为自出票日起（　　）。

A. 半个月　B. 1 个月　C. 2 个月　D. 3 个月

8. 根据我国现行制度规定，企业库存现金限额一般是根据（　　）正常零星开支核定的。

A. 3 天　B. 3 ~5 天　C. 7 天　D. 15 天

9. 以下结算方式中，受结算金额起点限制的有（　　）。

A. 支票结算方式　　B. 汇兑结算方式

C. 委托收款结算方式　　D. 托收承付结算方式

10. 商业汇票的付款期限由交易双方商定，但最长不得超过（　　）个月。

A. 3　　B. 6　　C. 9　　D. 12

11. 下列各项中，可采用托收承付结算方式办理结算的是（　　）。

A. 赊销商品的款项　　B. 寄销商品的款项

C. 代销商品的款项　　D. 商品交易的款项

12. 按照国家《人民币银行结算账户管理办法》规定，企业发放工资、奖金、津贴等支取的现金，只能通过（　　）。

A. 基本存款账户　　B. 一般存款账户

C. 临时存款账户　　D. 专用存款账户

13. 对企业总务部门备用的现金，应通过（　　）科目进行核算。

A. 其他货币资金　　B. 预付账款　　C. 备用金　　D. 其他应收款

14. 下列各项不属于其他货币资金的有（　　）。

A. 银行本票存款　　B. 银行汇票存款　　C. 备用金　　D. 存出投资款

15. 张东方出差借支差旅费 2 000 元，返回时报销 1 500 元，交回现金 500 元，并结清原借款。则企业财会人员应按（　　）开出收款收据。

A. 500 元　　B. 1 000 元　　C. 1 500 元　　D. 2 000 元

16. 下列支付结算方式中，只能用于商品交易货款结算的方式有（　　）。

A. 托收承付结算方式　　B. 银行本票结算方式

C. 支票结算方式　　D. 商业汇票结算方式

17. 托收承结算方式采用验货付款时，其承付期是货到后（　　）内。

A. 3 天　　B. 5 天　　C. 7 天　　D. 10 天

18. 我国会计上所说的现金是指企业的（　　）。

A. 库存现金

B. 库存现金和银行存款

C. 库存现金、银行存款和有价证券

D. 库存现金、银行存款、有价证券和其他货币资金

19. 企业一般不得从现金收入中直接支付现金，因特殊情况需要坐支现金的，应当事先报经（　　）审查批准。

A. 上级部门　　B. 工商行政管理部门　　C. 税务部门　　D. 开户银行

20. 按照国家《银行账户管理办法》规定，企业的工资、奖金等现金的支取，只能通过（　　）办理。

A. 基本存款账户　B. 一般存款账户　C. 临时存款账户　D. 专用存款账户

21. 银行汇票付款期限为自出票日起（　　）。

A. 1个月　B. 2个月　C. 3个月　D. 6个月

22. 银行承兑汇票承兑人是（　　）。

A. 购货单位　B. 购货单位的开户银行

C. 销货单位　D. 销货单位的开户银行

23. 下列支付结算方式中，需签订购销合同才能使用的是（　　）。

A. 银行汇票　B. 银行本票　C. 托收承付　D. 支票

24. 商业汇票按（　　）不同，分为商业承兑汇票和银行承兑汇票。

A. 收款人　B. 付款人　C. 承兑人　D. 被背书人

25. 下列哪个项目不通过“其他货币资金”科目核算（　　）。

A. 银行汇票存款　B. 银行本票存款　C. 备用金　D. 存出投资款

26. 下列结算方式中，只能用于同城结算的是（　　）结算方式。

A. 银行汇票　B. 支票　C. 委托收款　D. 托收承付

27. 单位信用卡的资金一律从其（　　）转账存入。

A. 基本存款账户　B. 一般存款账户

C. 临时存款账户　D. 专用存款账户

28. 企业对无法查明原因的现金溢余，经批准后应转入（　　）科目。

A. 主营业务收入　B. 其他业务收入

C. 其他应付款　D. 营业外收入

29. 对于银行已入账而企业尚未入账的未达账款，企业应当（　　）。

A. 根据“银行对账单”入账

B. 根据“银行存款余额调节表”入账

C. 根据对账单和调节表自制凭证入账

D. 待有关结算凭证到达后入账

30. 出纳人员付出货币资金的依据是审核无误的（　　）。

A. 收款凭证　B. 付款凭证　C. 转账凭证　D. 原始凭证

31. 下列项目中属于货币资金的是（　　）。

A. 可转换债券　B. 商业承兑汇票

C. 银行汇票存款　D. 银行承兑汇票

32. 下列各项中，不应确认为企业其他货币资金的有（　　）。
A. 企业持有的 3 个月内到期的债券投资
B. 企业为购买股票向证券公司划出的资金
C. 企业汇往外地建立临时采购专户的资金
D. 企业向银行申请银行本票时拨付的资金

33. 下列支出中不能用现金支付的项目有（　　）。
A. 职工个人的工资、奖金　　B. 采购商品用款
C. 出差人员随身携带的差旅费　　D. 向个人收购物品的支出

34. 按照《现金管理规定》，结算起点在（　　）元以上，应实行银行转账。
A. 100　　B. 1 000　　C. 500　　D. 不计

35. 收回某职工借款 1 000 元，应进行的账务处理是（　　）。
A. 借：库存现金 1 000
　　贷：应收账款 1 000
B. 借：库存现金 1 000
　　贷：其他应收款 1 000
C. 借：应收账款 1 000
　　贷：库存现金 1 000
D. 借：其他应收款 1 000
　　贷：库存现金 1 000

36. 用现金 20 000 元发放职工工资，应进行的账务处理是（　　）。
A. 借：库存现金 20 000
　　贷：应付职工薪酬 20 000
B. 借：应付职工薪酬 20 000
　　贷：库存现金 20 000
C. 借：银行存款 20 000
　　贷：应付职工薪酬 20 000
D. 借：应付职工薪酬 20 000
　　贷：银行存款 20 000

二、多项选择题

1. 对企业货币资金监督检查的内容主要包括（　　）。
   A. 货币资金业务相关岗位及人员的设置情况
   B. 票据的保管情况
   C. 货币资金授权批准制度的执行情况
   D. 支付款项印章的保管情况
   E. 货币资金管理制度健全情况

2. 企业办理货币资金支付业务的程序有（　　）。
   A. 支付申请　　B. 支付审批　　C. 支付复核
   D. 办理支付　　E. 账务处理

3. 下列各项中，符合《现金管理暂行条例》规定可以用现金结算的有（　　）。
   A. 1 000 元以下的零星支出　　B. 个人劳务报酬
   C. 各种劳保、福利费用　　D. 向企业收购物资的价款
   E. 向农民收购农产品的价款

4. 关于现金管理，下列说法正确的有（　　）。
   A. 在国家规定的范围内使用现金结算
   B. 库存限额一经确定，不得变更
   C. 收入的现金必须当天送存银行
   D. 每天下班时必须对现金进行清点
   E. 必须每天登记现金日记账

5. 下列各项中，属于银行存款日记账核对内容的有（　　）。
   A. 银行存款日记账与银行存款总账的核对
   B. 银行存款日记账与银行存款对账单的核对
   C. 银行存款日记账与银行存款余额调节表的核对
   D. 银行存款日记账与银行存款收、付款凭证的核对
   E. 银行存款日记账与未达账项的核对

6. 下列各项中，属于其他货币资金账户核算的内容有（　　）。
   A. 信用卡存款　　B. 存出投资款　　C. 银行汇票存款
   D. 信用证保证金存款　　E. 银行本票存款

7. 既适用于同城又适用于异地的结算方式有（　　）。
   A. 委托收款结算方式　　B. 银行本票结算方式　　C. 支票结算方式
   D. 商业汇票结算方式　　E. 银行汇票结算方式

8. 企业可用信用卡结算的有（　　）。
   A. 向供应商购货20 000元　　B. 向特约单位购物500元
   C. 向银行存取现金500元　　D. 购买办公用品100元
   E. 向特约单位支付餐费800元
9. 在商品交易款项结算中，商业汇票的承兑人可以是（　　）。
   A. 付款人　　B. 收款人　　C. 销货方　　D. 购货人　　E. 银行
10. 下列支票中，可以提取现金的支票有（　　）。
   A. 现金支票　　B. 转账支票　　C. 普通支票
   D. 特种支票　　E. 划线支票
11. 建立货币资金内部控制系统应实现的主要目标有（　　）。
   A. 保证货币资金收支的合法性　　B. 保证货币资金收支的合理性
   C. 保证货币资金的安全性　　D. 保证货币资金的效益性
   E. 保证货币资金核算的正确性
12. 企业的货币资金内部控制制度的内容至少包括（　　）。
   A. 岗位分工及授权批准　　B. 建立票据管理的基本规范
   C. 建立印章的管理办法　　D. 保证货币资金的安全有效
   E. 按照规定的程序办理货币资金支付业务
13. 下列存款中，应在“其他货币资金”科目核算的有（　　）。
   A. 外埠存款　　B. 银行汇票存款　　C. 信用卡存款
   D. 存出投资款　　E. 一般存款账户存款
14. 下列结算方式中，适用于异地结算方式的有（　　）。
   A. 银行汇票结算方式　　B. 银行本票结算方式　　C. 商业汇票结算方式
   D. 委托收款结算方式　　E. 支票结算方式
15. 下列结算方式中，可用于异地结算的方式有（　　）。
   A. 银行汇票结算方式　　B. 银行本票结算方式　　C. 商业汇票结算方式
   D. 委托收款结算方式　　E. 支票结算方式
16. 下列结算方式中，可用于同城结算的方式有（　　）。
   A. 支票结算方式　　B. 汇兑结算方式　　C. 银行本票结算方式
   D. 委托收款结算方式　　E. 托收承付结算方式
17. 《支付结算办法》中规定的结算纪律为（　　）。
   A. 不准签发没有资金保证的票据或远期支票，套取银行信用
   B. 不准签发、取得和转让没有真实交易和债权债务的票据，套取银行和他人资金
   C. 不准无理拒绝付款，任意占用他人资金

D. 不准违反规定开立和使用账户

E. 不属于现金开支范围的业务一律通过银行办理转账结算

18. 下列行为中，不符合结算有关规定的有（　　）。

A. 用现金支付出差人员的差旅费

B. 用现金支付向供销社采购的农副产品款

C. 用信用卡结算 10 万元以上的商品交易款项

D. 签发的支票金额超过企业的银行存款余额

E. 从基本存款账户支取现金发放职工工资

19. 商业汇票的签发人可以是（　　）。

A. 购货单位　　B. 销货单位　　C. 购货单位开户银行

D. 销货单位开户银行　　E. 被背书人

20. 下列项目中，通过“其他货币资金”科目核算的有（　　）。

A. 取得由本企业开户银行签发的银行本票

B. 本企业签发并由开户银行承兑的商业汇票

C. 取得由本企业开户银行签发的银行汇票

D. 取得由购货单位签发并承兑的商业汇票

E. 开出转账支票

21. 下列项目中，通过“银行存款”科目核算的有（　　）。

A. 外币现金　　B. 外币存款　　C. 外埠存款

D. 信用卡存款　　E. 基本存款账户存款

22. 下列票据可以背书转让的有（　　）。

A. 现金支票　　B. 转账支票　　C. 银行汇票

D. 银行本票　　E. 商业汇票

23. 下列票据中，银行见票即付的有（　　）。

A. 未超过一个月的银行汇票

B. 未超过一个月的银行定额本票

C. 未超过两个月的银行不定额本票

D. 到期的商业承兑汇票

E. 到期的银行承兑汇票

24. 企业银行存款日记账与银行对账单不符的主要原因有（　　）。

A. 存在企业已付银行未付的账项

B. 存在企业已收银行未收的账项

C. 存在银行已付企业未付的账项

D. 存在银行已收企业未收的账项

E. 企业或银行记账错误

25. 依据有关规定，企业可以开立的银行存款账户包括（ ）。

A. 基本存款户 B. 一般存款户 C. 专用存款户 D. 临时存款户

26. 企业开立的银行存款账户中，可以办理现金支付的是（ ）。

A. 基本存款户 B. 一般存款户 C. 专用存款户 D. 临时存款户

27. 在几种银行结算方式中，使用“其他货币资金”账户核算的是（ ）。

A. 银行汇票 B. 银行本票 C. 支票 D. 商业汇票

28. 下列符合支票管理规定的有（ ）。

A. 现金支票既可以提取现金也可以转账

B. 提示付款期限为10天

C. 不得出租、出借支票

D. 可签发空头支票

29. 商业汇票的适用范围有（ ）。

A. 先发货后收款的商品交易

B. 先收款后发货的商品交易

C. 钱货两清的商品交易

D. 双方约定延期付款的商品交易

30. 编制银行存款余额调节表时，下列未达账项中，会导致企业银行存款日记账的账面余额小于银行对账单余额的有（ ）。

A. 企业开出支票，银行尚未支付

B. 企业送存支票，银行尚未入账

C. 银行代收款项，企业尚未接到收款通知

D. 银行代付款项，企业尚未接到付款通知

三、判断题

1. 货币资金内部控制的目标具有多元性。（ ）

2. 企业规模较小，可由出纳一人办理货币资金结算的全过程，以提高工作效率。（ ）

3. 我国会计上所说的现金是指企业库存的人民币。（ ）

4. 有外币现金的企业要分别人民币和各种外币设置“现金日记账”进行明细核算。（ ）

5. 银行承兑汇票到期时，如果购货企业的存款不足支付票款，承兑银行应将汇票退还销货企业，由购销双方自行处理。（ ）

6. 因商品交易而产生的劳务供应的款项以及代销商品的款项，可以办理委托收款结算。(　　)

7. 未达账项是指企业与银行之间由于凭证传递上的时间差，一方已登记入账而另一方尚未入账的账项。(　　)

8. 由于银行存款余额调节表主要用来核对企业与银行双方的记账有无差错，因此不能作为记账的依据。(　　)

9. “库存现金”账户反映企业的库存现金，不包括企业内部各部门周转使用、由各部门保管的定额备用金，定额备用金应在“应收账款”账户中反映。(　　)

10. 托收承付结算方式同时适用于同城和异地结算，单位和个人均可使用。(　　)

11. 商业承兑汇票可由销货方签发，交给购货方承兑。(　　)

12. 银行汇票是单位将款项交存开户银行，由银行签发给其持往同城或异地采购商品时办理结算或支取现金的票据。(　　)

13. 企业可以根据经营需要，在一家或几家银行开立基本存款账户。(　　)

14. 其他货币资金是指除现金、银行存款以外的处于货币形态的资金，包括银行汇票和备用金等。(　　)

15. 采用委托收款结算方式下，如果付款单位提出拒付，付款单位开户银行应审查其拒付理由是否正当。(　　)

16. 商品销售后，采用托收承付结算或委托收款结算，编制的会计分录是相同的。(　　)

17. 我国会计上所说的现金仅指企业库存的人民币现金，不包括外币现金。(　　)

18. 在任何情况下，企业一律不准坐支现金。(　　)

19. 每日终了，企业必须将现金日记账的余额与现金总账的余额及现金的实际库存数进行核对，做到账账、账实相符。(　　)

20. 每个企业只能在银行开立一个基本存款账户，企业的工资、奖金等现金的支取只能通过该账户办理。(　　)

21. 银行汇票可以用于转账，也可以用于提现。(　　)

22. 同城或异地的商品交易、劳务供应均可采用银行本票结算方式进行结算。(　　)

23. 商业承兑汇票的承兑人是购货企业的开户银行。(　　)

24. 银行承兑汇票的付款人是购货企业的开户银行。(　　)

25. 普通支票左上角划两条平行线的，只能用于转账，不得支取现金。(　　)

26. 收款单位收到付款单位交来的银行汇票可以不送交银行办理转账结算，而是背书转让给另一单位用以购买材料。(　　)

27. 委托收款和托收承付结算方式，都受结算金额起点的限制。(　　)

28. 商业承兑汇票到期日付款人账户不足支付时，其开户银行应代为付款。(　　)

29. 采用托收承付结算方式办理结算的款项必须是商品交易以及因商品交易而产生的劳务供应的款项，包括代销、寄销、赊销商品的款项。(　　)

30. 单位和个人的各种款项的结算，均可采用汇兑结算方式。(　　)

31. 依照《现金管理规定》，企业可以直接用当日收入的现金支付某些费用。(　　)

32. 出纳员可以兼管会计档案的保管工作。(　　)

33. 依据相关规定，企业可以开立多个基本存款账户。(　　)

四、出纳岗位技能训练

1. 新华公司 2011 年 6 月份发生以下经济业务：

（1）1 日从银行提取现金 1 500 元备用。

（2）2 日行政科购买办公用品，金额为 700 元。

（3）3 日采购员王丹因公外出，预借差旅费 2 000 元。

（4）5 日销售零星商品，价款 500 元，增值税 85 元，以现金方式收款。

（5）28 日从银行提取现金 50 000 元，备发工资。

（6）28 日以现金支付本月职工工资 50 000 元。

（7）29 日王丹出差回来，报销差旅费 1 900 元，交回多余现金 100 元。

（8）29 日职工李平报销医药费 200 元。

要求：根据上述业务编制记账凭证并登记现金日记账。

2. 资料：某公司 2011 年 9 月份发生以下经济业务：

（1）2 日向银行申请办理银行汇票 60 000 元，并将款项交存银行，取得银行汇票。

（2）3 日以银行汇票归还前欠 A 公司货款 60 000 元。

（3）5 日收到转账支票一张，预收甲产品销货款 50 000 元，支票已送存银行。

（4）10 日收到 C 公司投资 300 000 元，存入银行。

（5）10 日向银行申请办理银行本票 117 000 元，并将款项交存银行，取得银行本票。

（6）12 日购入不需要安装生产用设备一台，价款 100 000 元，增值税 17 000 元，款项以银行本票支付。

（7）15 日收到利华公司偿还的货款 80 000 元，存入银行存款户。

（8）20 日开出转账支票，支付广告费 6 500 元。

（9）20 日销售乙产品一批，价款 14 000 元，增值税 2 380 元，收到购货方开来的转账支票一张，已交银行办理转票。

（10）25 日开出转账支票，支付产品展销费 10 000 元。

（11）28 日开出现金支票一张，从银行提取现金 4 000 元备用。

要求： 根据上述业务编制记账凭证并登记银行存款日记账。

3. 银行存款余额调节表的编制

（1）顺达公司近期准备从湖南购进一批商品，业务部门蔡部长向财务部长询问资金情况。财务部长说目前还不能给出一个准确的数字，因为负责银行往来账目的崔会计正在与银行对账，稍后再给你准确的答复。崔会计对账时发现，银行存款日记账月末余额为177 600元，银行对账单月末余额比企业账面余额多7 250元，经逐笔核对，发现有下列未达账项及错误记录：

①企业已入账，银行尚未入账的企业存入转账支票16 000元。

②企业购材料开出转账支票13 000元，银行尚未入账。

③企业将销售收入存入银行的转账票1 000元错记为100元。

④银行已入账，企业未入账的银行代收货款9 000元。

⑤银行已入账，企业未入账的银行存款利息350元。

（2）某日，顺达公司宁经理与海宇房地产公司洽谈一笔生意，需要一笔数额巨大的资金，让财务部朱部长落实资金。朱部长向唐经理汇报了资金拮据情况，并让唐经理看了整个公司资产负债表。唐经理看后质问北海公司汇来的资金弄到哪里去了？朱部长很委屈地说，他们根本没见到一分钱。随后，朱部长找来负责银行账款的刘铃了解该笔资金情况。据刘铃说，从银行取回的对账单中确实有这笔资金，由于未收到银行结算凭证，所以未将北海公司汇的款入账。刘铃给开户银行打电话，对方说北海公司汇款的收款通知刚发出，尚在途中。

要求：

1. 根据所给资料回答企业银行存款日记账与对账单不一致的原因可能有哪些？在与银行对账时，应该按照什么顺序进行？

2. 调整错误记录，编制“银行存款余额调节表”。

3. 指出“银行存款余额调节表”的重要作用。

往来结算岗位核算

【学习目标】

掌握应收账款、应收票据、预付账款及其他应收款、坏账损失、应付账款、应付票据、预收账款及其他应付款、应交税费以及应付职工薪酬等有关知识及其核算方法。

【学习重点与难点】

（一）应收账款

1. 应收账款的内容

企业因销售商品或提供劳务而应向客户收取的款项，通常包括价款、增值税额及代垫的运杂费等，确认依据一般为商品出库单、发票等。

2. 应收账款的核算

（1）销售成立时。

借：应收账款

　　贷：主营业务收入（有商业折扣时，按扣除商业折扣后的净额入账）

　　　　应交税费——应交增值税（销项税额）

　　　　银行存款（代垫运杂费时）

（2）收回应收账款时。

①在现金折扣期内收款时：

借：银行存款

　　财务费用（现金折扣）

　　贷：应收账款

②超过现金折扣期收款时：

借：银行存款

　　贷：应收账款

3. 应收款项减值

（1）应收款项减值损失的确认。企业应当在资产负债表日对应收款项的账面价值进行检查，有客观证据表明该应收款项发生减值的，应当将应收款项的账面价值减记至预计未来现金流量现值，减记的金额确认减值损失，计提坏账准备。

（2）估计坏账损失的方法。

①销货百分比法：

$$\text{估计坏账损失} = \text{当期赊销收入} \times \text{坏账率}$$

②应收账款余额百分比法：

$$\text{估计坏账损失} = \text{“应收账款”年末余额} \times \text{坏账率}$$

③账龄分析法：

$$\text{估计坏账损失} = \sum \text{各时间段“应收账款”余额} \times \text{该段坏账率}$$

期末应计提坏账准备的计算公式：

$$\begin{matrix}\text{当期应计提}\\\text{的坏账准备}\end{matrix} = \begin{matrix}\text{应收账款的期末余额}\\\times\text{坏账损失率}\end{matrix} - \begin{matrix}\text{“坏账准备”科目的}\\\text{贷方（或 + 借方）余额}\end{matrix}$$

（3）计提坏账准备的账务处理。

①计提坏账准备时：

借：资产减值损失

　　贷：坏账准备

②冲回多提坏账时：

借：坏账准备

　　贷：资产减值损失

③发生坏账时：

借：坏账准备

贷：应收账款

④发生坏账回收时：

借：银行存款

贷：坏账准备

（二）应收票据

1. 应收票据概述

应收票据是企业因销售商品、提供劳务等而收到的商业汇票。

商业汇票是一种由出票人签发的，委托付款人在指定日期无条件支付确定金额给收款人或者持票人的票据。

根据承兑人不同，商业汇票分为商业承兑汇票和银行承兑汇票。

根据票据是否带息，商业汇票分为带息商业汇票和不带息商业汇票。

2. 应收票据的核算

（1）销售商品，收到应收票据时。

借：应收票据

贷：主营业务收入

应交税费——应交增值税（销项税额）

（2）收到对方以应收票据抵偿应付账款时。

借：应收票据

贷：应收账款

（3）将应收票据背书转让，以取得所需货物。

借：原材料

应交税费——应交增值税（进项税额）

贷：应收票据

（4）票据到期收款时。

借：应收票据

贷：银行存款

（三）预付账款

预付账款指买卖双方协议商定，由购货方预先支付一部分货款给供应方而发生的一项负债。一般包括预付的货款、预付的购货定金。

预付款项不多的企业，可不设“预付账款”科目，而直接在“应付账款”核算。

预付账款的有关账务处理：

(1) 企业预付货款时。

借：预付账款

　　贷：银行存款

(2) 采购货物时。

借：材料采购（原材料）

　　应交税费——应交增值税（进项税额）

　　贷：预付账款

(3) 补付货款时。

借：预付账款

　　贷：银行存款

(四) 其他应收款

1. 其他应收款核算的内容

(1) 应收的各种赔款、罚款。

(2) 应收的出租包装物租金。

(3) 应向职工收取的各种垫付款项。

(4) 存出保证金，如租入包装物支付的押金。

(5) 其他各种应收、暂付款项。

2. 其他应收款的核算

(1) 企业发生其他应收款时。

借：其他应收款

　　贷：库存现金（或银行存款或营业外收入等）

(2) 收回或转销其他应收款时。

借：库存现金（或银行存款或应付职工薪酬等）

　　贷：其他应收款

(五) 应付账款

1. 概念

应付账款是指企业因购买材料、商品或接受劳务供应等经营活动应支付的款项。

2. 主要账务处理

(1) 购入货物时。

借：库存商品（或材料采购、原材料）

　　应交税费——应交增值税（进项税额）

　　贷：应付账款

(2) 偿还应付账款时。

借：应付账款

贷：银行存款

有现金折扣时：

借：应付账款

贷：银行存款

财务费用

(3) 开出商业汇票抵付应付账款时。

借：应付账款

贷：应付票据

(4) 应付水电费时。

借：制造费用等

贷：应付账款

(5) 无法归还应付账款时。

借：应付账款

贷：营业外收入

(六) 应付票据

1. 概念

应付票据是指企业购买材料、商品和接受劳务供应等而开出、承兑的商业汇票，包括商业承兑汇票和银行承兑汇票。

2. 主要会计处理

(1) 开出、承兑应付票据。

①购入货物时：

借：材料采购（或在途物资或库存商品）

应交税费——应交增值税（进项税额）

贷：应付票据

②用商业汇票抵偿账款时：

借：应付账款

贷：应付票据

③支付银行承兑汇票的手续费时：

借：财务费用

贷：银行存款

④期末计提带息票据利息时：

借：财务费用

贷：应付票据

（2）偿付应付票据。

①全额偿付到期票款时：

借：应付票据（账面余额）

财务费用（未计提利息部分）

贷：银行存款

②不能按期付款时：

A. 商业承兑汇票

借：应付票据（账面余额）

财务费用（未计息部分）

贷：应付账款

B. 银行承兑汇票

借：应付票据

贷：短期借款

（七）预收账款

1. 概念

企业按照合同规定，向购货单位预先收取的款项。与应付账款不同，预收账款所形成的负债不是以货币偿付，而是以货物偿付（先收钱后发货）。

2. 主要会计处理

①企业向购货单位预收货款时：

借：银行存款

贷：预收账款

②提供货物时：

借：预收账款（售价及应交的增值税销项税额）

贷：主营业务收入

应交税费——应交增值税（销项税额）

③收到购货单位补付的货款时：

借：银行存款

贷：预收账款

④向购货单位退回其多付的款项时：

借：预收账款

贷：银行存款

（八）应付职工薪酬

1. 应付职工薪酬的内容

职工薪酬是指企业为获得职工提供的服务而给予的各种形式的报酬以及其他相关支出。

职工薪酬包括：

（1）职工工资、奖金、津贴和补贴。

（2）职工福利费。

（3）医疗保险费、养老保险费、失业保险费、工伤保险费和生育保险费等社会保险费。

（4）住房公积金。

（5）工会经费和职工教育经费。

（6）非货币性福利。

（7）因解除与职工的劳动关系给予的补偿。

（8）其他与获得职工提供的服务相关的支出。

2. 主要会计处理

企业应当通过“应付职工薪酬”科目，核算应付职工薪酬的提取、结算、使用等情况。该科目的贷方登记已分配计入有关成本费用项目的职工薪酬的数额，借方登记实际发放职工薪酬的数额，包括扣还的款项；该科目期末贷方余额，反映企业应付未付的职工薪酬。应付职工薪酬应设置明细科目，进行明细核算。

应付职工薪酬——工资
——职工福利
——社会保险
——住房公积金
——工会经费
——职工教育经费
——非货币性福利
——辞退福利

（1）货币性职工薪酬。

①确认应付职工薪酬：企业应当在职工为其提供服务的会计期间，根据职工提供服务的受益对象，将应确认的职工薪酬（包括货币性薪酬和非货币性福利）计入相关资产成本或当期损益，同时确认为应付职工薪酬。具体如下：

借：生产成本（生产工人工资）
制造费用（车间管理人员工资）
管理费用（管理部门人员工资）
销售费用（销售人员工资）

在建工程（在建工程人员工资）

研发支出（研发人员工资）

贷：应付职工薪酬——工资

——社会保险等明细

②发放职工薪酬：企业按照有关规定向职工支付工资、奖金、津贴等。

借：应付职工薪酬

贷：银行存款（库存现金）

其他应收款——房租、水电费等（收回代垫费用）

应交税费——应交个人所得税

（2）非货币性应付职工薪酬核算。

①以自产产品发放给职工作为福利：

A. 确认职工薪酬：按产品的公允价值确认

借：管理费用

生产成本

贷：应付职工薪酬——非货币性福利

B. 实际发放非货币性福利时

借：应付职工薪酬

贷：主营业务收入

应交税费——应交增值税（销项税额）

借：主营业务成本

贷：库存商品

②将企业拥有的房屋等资产无偿提供给职工使用的：

借：管理费用等

贷：应付职工薪酬——非货币性福利

同时，借：应付职工薪酬——非货币性福利

贷：累计折旧

③租赁住房等资产供职工无偿使用的：

A. 确认非货币性职工薪酬

借：管理费用等

贷：应付职工薪酬——非货币性福利

B. 企业支付租赁住房所发生的租金

借：应付职工薪酬——非货币性福利

　　贷：银行存款

C. 因解除与职工的劳动关系给予的补偿

借：管理费用

　　贷：应付职工薪酬

（九）应交税费

企业根据税法规定，采用一定的计税办法预先提取但尚未缴交的各种税款。包括增值税、消费税、营业税、城市维护建设税、资源税、所得税、土地增值税、房产税、车船税、土地使用税、教育费附加、矿产资源补偿费、印花税、耕地占用税等。

企业应通过“应交税费”科目，总括反映各种税费的交纳情况，并按照应交税费的种类进行明细核算。

企业根据税法规定应当缴纳的各种税费，除印花税、耕地占用税、契税等不需要预计应交税费数外，其他税金均需通过“应交税费”科目核算。

1. 应交增值税

（1）增值税概述。增值税是对我国境内销售货物、进口货物或提供加工（受托加工货物、修理修配劳务）的增值额征收的一种流转税。消费型增值税允许将用于生产、经营的固定资产中已含的税款在购置当期全部一次扣除。

（2）一般纳税企业的核算。为了核算企业应交增值税的发生、抵扣、交纳、退税及转出等情况，应在“应交税费”科目下设置“应交增值税”明细科目，并设专栏如下：

应交税费——应交增值税（进项税额）

　　　　——应交增值税（销项税额）

　　　　——应交增值税（已交税金）

　　　　——应交增值税（出口退税）

　　　　——应交增值税（进项税额转出）

①采购商品或接受应税劳务。

借：材料采购（或原材料或固定资产等）

　　应交税费——应交增值税（进项税额）

　　贷：银行存款（或应付账款或应付票据等）

②进项税额转出。

企业购进的货物发生非常损失以及将购进货物改变用途（如用于非应税项目、集体福利或个人消费等），其进项税额应通过应交税费——应交增值税（进项税额转出）科目转入有关科目；属于转作待处理财产损失的进项税额，应与遭受非常损失的购进货物、在产品或库存商品的成本一并处理。具体处理如下：

借：待处理财产损溢（或在建工程或应付职工薪酬等）

　　贷：库存商品（或原材料等）

　　　　应交税费——应交增值税（进项税额转出）

③销售货物或者提供应税劳务。

企业销售货物或提供应税劳务，按照营业收入和应收取的增值税额。

借：应收账款（或应收票据或银行存款等）

　　贷：主营业务收入（或其他业务收入）

　　　　应交税费——应交增值税（销项税额）

④视同销售业务。

视同销售业务，是指业务性质本身不是销售，但按照税法规定需要计算缴纳增值税的业务。

企业将自产、委托加工或购买的货物用于非应税项目、集体福利或个人消费，将自产、委托加工的货物作为投资分配给股东或赠送他人等，应视同销售货物并计算应纳增值税。

借：在建工程（或长期股权投资、营业外支出）

　　贷：库存商品（或主营业务收入）

　　　　应交税费——应交增值税（销项税额）

⑤出口退税。

借：其他应收款

　　贷：应交税费—应交增值税（出口退税）

⑥交纳增值税。

A. 本月上交本月的应交增值税时

借：应交税费——应交增值税（已交税金）

　　贷：银行存款

B. 本月上交上期应交未交增值税时

借：应交税费——未交增值税

　　贷：银行存款

⑦结转应交未交或多交增值税。

A. 月末将本月应交未交增值税自“应交增值税”明细科目转出

借：应交税费——应交增值税（转出未交增值税）

　　贷：应交税费——未交增值税

B. 将本月多交增值税自“应交增值税”明细科目转出

借：应交税费——未交增值税

　　贷：应交税费——应交增值税（转出多交增值税）

（3）小规模纳税企业的账务处理。

①特点。

- 只能开具普通发票、不能开具增值税专用发票
- 销售额为不含税销售额
- 实行简易办法计算应纳税额

②会计处理。

A. 购入物资时

借：材料采购（或在途物资）

　　贷：银行存款等

B. 销售商品时

借：银行存款

　　贷：主营业务收入

　　　　应交税费——应交增值税

2. 应交消费税

（1）消费税概述。消费税是对在我国境内从事生产、委托加工和进口应税消费品（特殊消费品、高档消费品、稀缺消费品等）的单位和个人，就其销售额或销售数量征收的一种价内税。

企业应在“应交税费”科目下设置“应交消费税”明细科目，核算应交消费税的发生、交纳情况。

（2）主要会计处理。

①销售应税消费品时：

借：营业税金及附加

　　贷：应交税费——应交消费税

②将自产的应税消费品用于在建工程等非生产机构时：

借：在建工程（或应付职工薪酬）

　　贷：应交税费——应交消费税

③进口应税物资在进口环节应交的消费税，计入该项物资的成本：

借：在途物资/原材料/固定资产等

　　应交税费——应交增值税（进项税额）

　　贷：银行存款等（价款+关税+增值税+消费税等）

④委托加工应税消费品：

委托方提供原料和主要材料，受托方只收取加工费和代垫部分辅助材料加工的应税消费品需要交纳消费税的委托加工物资，由受托方代收代交税款。

A. 受托方

收到代收代交的消费税时

借：银行存款（应收账款）

　　贷：应交税费——应交消费税

实际上交消费税时

借：应交税费——应交消费税

　　贷：银行存款

B. 委托方

a. 如果委托加工物资收回后直接用于销售，其支付消费税时

借：委托加工物资

　　贷：银行存款

b. 如果委托加工物资收回后用于连续生产，其支付消费税时

借：应交税费——应交消费税（准予以后抵扣）

　　贷：银行存款

3. 应交营业税

（1）营业税概述。营业税是对在我国境内提供应税劳务、转让无形资产或销售不动产的单位和个人征收的流转税。

企业应在“应交税费”科目下设置“应交营业税”明细科目，核算应交营业税的发生、缴纳情况。

（2）主要会计处理。

①计算应交的营业税：

借：营业税金及附加（提供应税劳务）

　　固定资产清理（销售不动产）

　　贷：应交税费——应交营业税

②实际上交时：

借：应交税费——应交营业税

　　贷：银行存款

4. 其他应交税费

(1) 应交资源税。

①企业对外销售应税产品应交纳的资源税：

借：营业税金及附加

　　贷：应交税费——应交资源税

②企业自产自用应税产品而应交纳的资源税：

借：生产成本（或制造费用等）

　　贷：应交税费——应交资源税

(2) 应交城市维护建设税。城建税以缴纳增值税、消费税、营业税的单位和个人为纳税义务人。也就是说，只要缴纳了“三税”，就必须缴纳城建税。

①计算出应交城市维护建设税时：

借：营业税金及附加

　　贷：应交税费——应交城市维护建设税

②实际交纳时：

借：应交税费——应交城市维护建设税

　　贷：银行存款

(3) 应交教育费附加。应交教育费附加以缴纳增值税、消费税、营业税的单位和个人为纳税义务人。

计算出应交教育费附加时：

借：营业税金及附加

　　贷：应交税费——应交教育费附加

(4) 应交土地增值税。土地增值税是指在我国境内有偿转让土地使用权及地上建筑物和其他附着物产权的单位和个人，就其土地增值额征收的一种税。

①计算应纳的土地增值税：

借：固定资产清理（转让土地使用权连同地上建筑物及其附着物一并在“固定资产”科目核算的）

　　贷：应交税费——应交土地增值税

②土地使用权在“无形资产”科目核算的：

借：银行存款

　　贷：无形资产（账面价值）

　　　　应交税费——应交土地增值税

　　营业外收入（或借“营业外支出”）

(5) 应交房产税、土地使用税、车船税、印花税和矿产资源补偿费。房产税、土地使用税、车船使用税、印花税和矿产资源补偿费，记入“管理费用”的税种。其中印花税通过“应交税费”科目核算，直接借记“管理费用”，贷记“银行存款”科目。

计算出应交的税金时：

借：管理费用

　　贷：应交税费——应交房产税

　　　　　　　　——应交土地使用税

　　　　　　　　——应交车船使用税

　　　　　　　　——应交矿产资源补偿费

　　　　银行存款（交纳印花税）

（6）应交个人所得税

①计算出应代扣代交的个人所得税时（企业代扣代缴）：

借：应付职工薪酬

　　贷：应交税费——应交个人所得税

②实际上交时：

借：应交税费——应交个人所得税

　　贷：银行存款

一、单项选择题

1. 公司赊销商品一批，按价目表的价格计算，货款金额500 000元，给买方的商业折扣为5%，规定的付款条件为2/10，n/30。适用的增值税税率为17%。代垫运杂费10 000元（假设不作为计税基础）。则该公司按总价法核算时，应收账款账户的入账金额为（　　）元。

A. 595 000　　B. 585 000　　C. 554 635　　D. 565 750

2. 下列应收、暂付款项中，不通过“其他应收款”科目核算的是（　　）。

A. 应收保险公司的赔款　　B. 应收出租包装物的租金

C. 应向职工收取的各种垫付款项　　D. 应向购货方收取的代垫运杂费

3. 长江公司2010年2月10日销售商品应收大海公司的一笔应收账款1 000万元，2010年12月31日，该笔应收账款的未来现金流量现值为900万元。在此之前已计提坏账准备60万元，2010年12月31日，该笔应收账款应计提的坏账准备为（　　）万元。

A. 100　　B. 40　　C. 900　　D. 0

4. 企业已计提坏账准备的应收账款确实无法收回，按管理权限报经批准作为坏账转销时，应编制的会计分录是（　　）。

A. 借记“资产减值损失”科目，贷记“坏账准备”科目

B. 借记“管理费用”科目，贷记“应收账款”科目

C. 借记“坏账准备”科目，贷记“应收账款”科目

D. 借记“坏账准备”科目，贷记“资产减值损失”科目

5. 某企业2012年8月1日赊销一批商品，售价为120 000元（不含增值税），适用的增值税税率为17%。规定的现金折扣条件为2/10，1/20，n/30，计算现金折扣时考虑增值税。客户于2012年8月15日付清货款，该企业收款金额为（　　）元。

A. 118 800　　B. 137 592　　C. 138 996　　D. 140 400

6. 下列项目中，属于应收账款范围的是（　　）。

A. 应向接受劳务单位收取的款项

B. 应收外单位的赔偿款

C. 应收存出保证金

D. 应向职工收取的各种垫付款项

7. 如果企业预收款项情况不多的，可以将预收款项直接记入（　　）科目。

A. 应付账款　　B. 应收账款　　C. 应付票据　　D. 应收票据

8. 企业某项应收账款50 000元，现金折扣条件为2/10，1/20，n/30，客户在第20天付款，应给予客户的现金折扣为（　　）元。

A. 1 000　　B. 750　　C. 500　　D. 0

9. “坏账准备”科目的期末结账前如为借方余额，反映的内容是（　　）。

A. 提取的坏账准备

B. 实际发生的坏账损失

C. 收回以前已经确认并转销的坏账准备

D. 已确认的坏账损失超出坏账准备的余额

10. 企业年末应收款项余额为400 000元，坏账准备为借方余额1 500元，按5%提取坏账准备，则应提的坏账准备数额为（　　）。

A. 20 000　　B. 1 500　　C. 21 500　　D. 18 500

11. 一张应收票据的面值为100 000元，票面利率为8%，三个月期，该票据的到期值为（　　）元。

A. 100 000　　B. 108 000　　C. 102 000　　D. 124 000

12. 企业7月10日将一张面值为20 000元，出票日为6月20日，期限为30天的不带息商业汇票向银行贴现，贴现率为9%，该票据的贴现净额为（　　）元。

A. 20 000　　B. 19 950　　C. 19 850　　D. 18 200

13. 某企业于2009年6月2日从甲公司购入一批产品并已验收入库。增值税专用发票上注明该批产品的价款为100万元，增值税额为17万元。合同中规定的现金折扣条件为1/20，n/30，假定计算现金折扣时不考虑增值税。该企业在2009年6月19日付清货款。企业购买产品时该应付账款的入账价值为（ ）万元。

A. 100　B. 115.83　C. 99　D. 117

14. 采用总价法核算应付账款，企业在折扣期内支付货款而取得的现金折扣应作为( )。

A. 购货成本的减少　B. 购货成本的增加

C. 财务费用的减少　D. 财务费用的增加

15. 预收账款不多的企业，可将预收账款并入（ ）核算。

A. “预付账款”账户的贷方　B. “应付账款”账户的贷方

C. “应收账款”账户的贷方　D. “应收账款”账户的借方

16. 下列项目中，不属于职工薪酬的是（ ）。

A. 辞退福利　B. 职工福利费

C. 医疗保险费　D. 职工出差报销的火车票

17. 企业因解除与职工的劳动关系给予职工补偿而发生的职工薪酬，应借记的会计科目是（ ）。

A. 管理费用　B. 应付职工薪酬　C. 营业外支出　D. 销售费用

18. 企业作为福利为高管人员配备汽车。计提这些汽车折旧时，应编制的会计分录是( )。

A. 借记“累计折旧”科目，贷记“固定资产”科目

B. 借记“管理费用”科目，贷记“固定资产”科目

C. 借记“管理费用”科目，贷记“应付职工薪酬”科目；同时借记“应付职工薪酬”科目，贷记“累计折旧”科目

D. 借记“管理费用”科目，贷记“固定资产”科目；同时借记“应付职工薪酬”科目，贷记“累计折旧”科目

19. 下列税金项目中，以收益额为征税对象的是（ ）。

A. 增值税　B. 营业税　C. 所得税　D. 消费税

20. 小规模纳税人企业“应交税费——应交增值税”的核算应采用（ ）账页格式。

A. 三栏式　B. 数量金额式　C. 多栏式　D. 任意格式

21. 一般纳税人企业“应交税费——应交增值税”的核算应采用（ ）账页格式。

A. 三栏式　B. 数量金额式　C. 多栏式　D. 任意格式

22. 下列各项中不应计入“营业税金及附加”的是（　　）。

A. 消费税　　B. 资源税

C. 城市维护建设税　　D. 增值税的销项税额

23. 下列税金项目中，不通过“应交税费”账户核算的是（　　）。

A. 增值税　　B. 营业税　　C. 房产税　　D. 印花税

24. 某企业为小规模纳税人，购入材料一批，价款为50 000元，增值税款为8 500元，运杂费为6 000元，则该材料的采购成本为（　　）元。

A. 50 000　　B. 58 500　　C. 56 000　　D. 64 500

25. 下列税金中与企业损益无关的是（　　）。

A. 增值税　　B. 营业税　　C. 消费税　　D. 所得税

26. 委托加工应税消费品收回后，若用于继续生产应税产品的，其由受托方代收代缴的消费税，应计入（　　）。

A. 委托加工的产品成本　　B. “应交税费”账户的借方

C. 生产成本　　D. 主营业务成本

27. 企业转销无法支付的应付账款时，应将该应付账款账面余额计入（　　）。

A. 资本公积　　B. 营业外收入

C. 其他业务收入　　D. 其他应付款

28. 某饮料生产企业为增值税一般纳税人，年末将本企业生产的一批饮料发放给职工作为福利。该批饮料市场售价为12万元（不含增值税），增值税适用税率为17%，实际成本为10万元。假定不考虑其他因素，该企业应确认的应付职工薪酬为（　　）万元。

A. 10　　B. 11.7　　C. 12　　D. 14.04

29. 某一般纳税企业委托外单位加工一批消费税应税消费品，材料成本50万元，加工费12万元（不含税），受托方增值税率为17%，受托方代收代缴消费税2万元。该批材料加工后委托方直接出售，则该批材料加工完毕入库时的成本为（　　）万元。

A. 64　　B. 62　　C. 58.5　　D. 70.5

30. 某企业为增值税一般纳税人，2007年应交各种税金如下：增值税350万元，消费税150万元，城市维护建设税35万元，房产税10万元，车船税5万元，所得税250万元。上述各项税金应计入管理费用的金额为（　　）万元。

A. 5　　B. 15　　C. 50　　D. 185

二、多项选择题

1. 下列项目中，应计提坏账准备的有（　　）。

A. 应收账款　　B. 应收票据　　C. 其他应收款　　D. 预付账款

2. 下列各项，会引起期末应收账款账面价值发生变化的有（　　）。

A. 收回应收账款　　B. 收回已转销的坏账

C. 计提应收账款坏账准备　　D. 冲销多提的坏账准备

3. 下列各项，构成应收账款入账价值的有（　　）。

A. 赊销商品的价款　　B. 代购货方垫付的保险费

C. 代购货方垫付的运杂费　　D. 销售货物发生的商业折扣

4. 下列各项中，会引起应收账款账面价值发生变化的有（　　）。

A. 计提坏账准备　　B. 收回应收账款

C. 转销坏账准备　　D. 收回已转销的坏账

5. 计提坏账准备的方法有（　　）。

A. 直接转销法　　B. 备抵法

C. 账龄分析法　　D. 应收账款余额百分比法

6. 下列事项中，可以确认为坏账的有（　　）。

A. 债务人死亡，以其遗产清偿后仍然无法收回的应收款项

B. 债务人破产，以其破产财产清偿后仍然无法收回的应收款项

C. 应收款项已逾期3年以上，并有足够的证据表明无法收回

D. 已逾期但无确凿证据证明不能收回的应收款项

7. 下列事项中，应记入“坏账准备”科目贷方的有（　　）。

A. 按规定提取坏账准备

B. 转销确实无法支付的应付账款

C. 收回过去已经确认并转销的坏账

D. 从“应收票据”科目中转出到期仍未收回的应收票据

8. 企业2011年6月30日收到带息商业汇票一张，票面价值为10 000元，票面利率为9%，期限为一个月。该票据在7月20日贴现，贴现率为10%（假设该企业与票据付款人在同一票据交换区），则下列表述正确的有（　　）。

A. 票据的入账价值为10 000元

B. 票据到期日是2011年7月31日

C. 票据到期值为10 075元

D. 票据贴现天数为11天

9. 对于带息商业汇票，下列表述正确的有（　　）。

A. 收到票据时，按票面价值入账

B. 票据到期值 = 票面价值 + 到期利息

C. 对应收票据不计提坏账准备

D. 对到期不能收回的应收票据转入应收账款后仍计算利息

10. 企业采用备抵法核算坏账，收回过去已确认并转销的坏账时，应做会计分录（　　）。

A. 借记“应收账款”科目，贷记“管理费用”科目

B. 借记“应收账款”科目，贷记“坏账准备”科目

C. 借记“银行存款”科目，贷记“应收账款”科目

D. 借记“管理费用”科目，贷记“坏账准备”科目

11. 下列事项中，应在“其他应收款”科目核算的有（　　）。

A. 应收保险公司的赔款　　B. 应向职工收取的各种垫付款

C. 应收出租包装物的租金　　D. 向外单位借用包装物支付的押金

12. A 企业将商业承兑汇票向银行贴现，票据到期时贴现银行收不到款项，贴现银行应（　　）。

A. 将贴现票据退回给票据承兑人

B. 向票据承兑人加收罚息

C. 将贴现票据退回给贴现企业

D. 从贴现企业的账户中将票据本息划回

13. 下列说法正确的有（　　）。

A. 银行汇票就是银行承兑汇票

B. 商业汇票的付款日就是票据到期日

C. 商业汇票的付款提示期为 10 天

D. 付款人在收到付款提示的当日足额付款

14. 按现行会计制度规定，采用备抵法核算坏账损失的企业，下列各项中，不计提坏账准备的项目有（　　）。

A. 其他应收款　　B. 预收账款　　C. 预付账款　　D. 应付职工薪酬

15. 下列关于现金折扣与商业折扣的说法，正确的是（　　）。

A. 商业折扣是指在商品标价上给予的扣除

B. 现金折扣是指债权人为鼓励债务人早日付款，而向债务人提供的债务扣除

C. 存在商业折扣的情况下，企业应收账款入账金额应按扣除商业折扣后的实际售价确认

D. 我国会计事务中采用总价法核算存在现金折扣的交易

16. 下列工资项目中，应以“管理费用”账户列支的有（　　）。

A. 车间管理人员工资　　B. 厂部管理人员工资

C. 在建工程人员工资　　D. 长期病假人员工资

E. 销售部门人员工资

17. 一般纳税人企业准予抵扣的增值税进项税额有（　　）。

A. 购进货物从销货方取得的增值税专用发票上注明的增值税

B. 购进建造厂房用工程物资从销货方取得的增值税专用发票上注明的增值税

C. 进口货物从海关取得的完税凭证上注明的增值税

D. 购进机器设备从销货方取得的专用发票上注明的增值税

E. 购进包装物从销货方取得的专用发票上注明的增值税

18. 不能抵扣的进项税额有（　　）。

A. 购进机器设备支付的增值税

B. 购进建造设备所用工程物资支付的增值税

C. 发生非常损失的货物的增值税

D. 购进用于集体福利货物支付的增值税

E. 购入用于产品生产材料支付的增值税

19. 企业购进的货物在以下哪种情况下，其进项税额应通过“应交税费——应交增值税（进项税额转出）”科目转入有关科目（　　）。

A. 因管理不善造成的损失　　B. 自然灾害造成的损失

C. 将购进货物用于非应税项目　　D. 将购进货物用于集体福利

20. 下列税费中，应计入管理费用的有（　　）。

A. 营业税　　B. 土地使用税　　C. 车船税　　D. 矿产资源补偿费

21. 应在“应交税费——应交增值税”账户借方核算的专项有（　　）。

A. 进项税额　　B. 转出多交增值税　　C. 已交税金

D. 转出未交增值税　　E. 销项税额

22. 应在“应交税费——应交增值税”账户贷方核算的专项有（　　）。

A. 进项税额转出　　B. 销项税额　　C. 出口退税

D. 转出未交增值税　　E. 转出多交增值税

23. 在税法上作为视同销售行为需计算增值税销项税额的项目有（　　）。

A. 将购入的材料对外投资　　B. 将生产的产品用于集体福利

C. 将生产的产品用于在建工程　　D. 将委托加工的产品用于发放股利

E. 将生产的产品用于对外投资

24. 下列行为中，应计征营业税的有（　　）。

A. 销售产品　　B. 销售固定资产

C. 转让无形资产　　D. 提供应税劳务　　E. 生产产品

25. 下列项目中，应计入材料成本的有（　　）。

A. 委托加工后材料用于连续生产应税消费品已缴的消费税

B. 委托加工后材料直接出售的应税消费品已缴的消费税

C. 收购未税矿产品代收代缴的资源税

D. 小规模纳税人购入材料支付的增值税

E. 收购农产品代收代缴的农业特产税

26. 下列各项中，应作为应付职工薪酬核算的有（　　）。

A. 支付的工会经费　　B. 支付的职工教育经费

C. 为职工支付的住房公积金　　D. 为职工无偿提供的医疗保健服务

27. 下列税金，应计入企业固定资产价值的有（　　）。

A. 房产税　　B. 车船税

C. 车辆购置税　　D. 购入固定资产交纳的契税

28. 下列各项中，应通过“其他应付款”科目核算的有（　　）。

A. 应付的租入包装物租金　　B. 应付的社会保险费

C. 应付的客户存入保证金　　D. 应付的经营租入固定资产租金

29. 下列资产负债表各项目中，属于流动负债的有（　　）。

A. 预收账款　　B. 应交税费

C. 预付账款　　D. 一年内到期的长期借款

30. 下列税金中，应计入存货成本的有（　　）。

A. 受托方代收代缴的委托加工直接用于对外销售的商品负担的消费税

B. 由受托方代收代缴的委托加工继续用于生产应纳消费税的商品负担的消费税

C. 进口原材料交纳的进口关税

D. 小规模纳税企业购买材料交纳的增值税

三、判断题

1. 在资产负债表上，“应收账款”、“应收票据”、“其他应收款”项目均按减去已计提坏账准备后的可收回净额列示。（　　）

2. 企业预付款项给供应单位形成的债权，应在“预付账款”或“应付账款”科目核算。（　　）

3. 在存在商业折扣的情况下，应收账款应按发票价格减去商业折扣后的净额列示。（   ）

4. 对商业折扣和现金折扣，都可以采用总价法和净价法进行核算。（   ）

5. 采用总价法时，销售方给予买方的现金折扣，会计上应作为财务费用处理。（   ）

6. 带息应收票据到期时，若付款人无力支付票款，企业应按票据的账面余额转入应收账款科目核算，期末不再计提利息。（   ）

7. 企业收到开出、承兑的商业汇票，无论是否带息，均按票据的票面价值入账。（   ）

8. 已为坏账的应收账款，意味着企业放弃了其追索权。（   ）

9. 按现行制度规定，应收款项均应计提坏账准备。（   ）

10. 用账龄分析法估计坏账损失是基于这种观点：账款拖欠的时间越长，发生坏账的可能性就越大，应提取的坏账准备金额就越多。（   ）

11. 会计期末，当企业用一定方法计算出的应提坏账准备大于“坏账准备”账面余额时，应按其差额冲减多提的坏账准备。（   ）

12. “坏账准备”账户期末余额在贷方，在资产负债表上列示时，应列示于流动负债项目中。（   ）

13. 企业为职工缴纳的基本养老保险金、补充养老保险费，以及为职工购买的商业养老保险，均属于企业提供的职工薪酬。（   ）

14. 在会计核算中，如果企业不能取得有关的扣税凭证，则购进货物时支付的增值税只能计入所购货物的成本。（   ）

15. 将企业拥有的房屋无偿提供给职工使用的，应当根据受益对象，将该住房每期应计提的折旧计入相关资产成本或当期损益，借记“管理费用”、“生产成本”、“制造费用”等科目，贷记“累计折旧”科目。（   ）

16. 小规模纳税人的应交增值税的计税依据为不含税销售额，其不含税销售额的计算公式为：不含税销售额 = 含税销售额/（1 + 征收率）。（   ）

17. 小规模纳税人企业购进货物时，对取得的增值税专用发票上注明的增值税额，应和一般纳税人企业一样作为进项税额，在“应交税费——应交增值税”下设专栏反映。（   ）

18. 对于视同销售行为，不论会计上是否作为销售处理，只要税法规定需要交纳增值税的，都应当计算缴纳增值税。（   ）

19. 小规模纳税人企业销售货物或提供免税劳务，必须开具增值税专用发票，不得开具普通发票。（   ）

20. 企业当期缴纳以前各期未缴的增值税，应通过“应交税费——应交增值税”账户核算。（   ）

四、往来结算岗位技能训练

海南红日有限责任公司系一家制造企业，增值税一般纳税人，增值税率为17%，2012年6月发生如下经济业务：

1. 6月3日向海南富华贸易公司销售产品一批，商品标价为20 000元，商业折扣10%，规定的现金折扣条件为2/10，n/20，适用的增值税率为17%。（假定计算现金折扣时不考虑增值税）

2. 6月5日向海南华宝贸易公司销售产品一批，商品标价为10 000元，适用的增值税率为17%，产品已发出，收到该公司开出期限为3个月的商业承兑汇票一张。

3. 6月5日，公司与海南宏泰公司签订供货合同，向其出售一批产品，货款金额共计80 000元，应交增值税13 600元。根据购货合同的规定，海南宏泰公司在购货合同签订后3天内，应当向红日公司预付货款50 000元，剩余货款在交货后付清。当天，甲公司收到乙公司交来的50 000元的银行转账支票，已存入银行。

4. 6月5日公司库存材料因意外火灾（非自然灾害）毁损一批，有关增值税专用发票确认的成本为10 000元，增值税税额1 700元。

5. 6月7日，公司向海南嘉华公司采购材料4 000千克，每千克单价10元，所需支付的货款总额40 000元。按照合同规定向嘉华公司预付货款的40%，验收货物后补付其余款项及税款。

6. 6月11日收到海南富华贸易公司交来的转账支票一张，归还6月3日所欠购物款项。

7. 6月11日一客户破产，根据清算程序，有应收账款35万元不能收回，确认为坏账。

8. 6月12日，开出并由银行承兑的面值为35 100元、期限3个月的不带息银行承兑汇票，用以采购一批材料，材料已收到，存货按实际成本法核算。增值税专用发票上注明的材料价款为30 000元，增值税税额为5 100元。

9. 6月12日公司将货物发到海南宏泰公司并开出增值税专用发票，宏泰公司验收后付清了剩余货款。

10. 6月14日，从海南鸿华公司购入一批材料，货款100 000元，增值税17 000元，对方代垫运杂费1 000元。材料已运到并验收入库（该企业材料按实际成本计价核算），款项尚未支付。

11. 6月14日，公司于3月14日开出的面值为50 000元的不带息商业承兑汇票到期，公司通知其开户银行以银行存款支付票款。

12. 6月14日，公司办公楼维修领用原材料和自己生产的产品一批，材料购入时成本为6 000元，支付的增值税为1 020元。产品的成本为30 000元，计税价格为40 000元。增值税税率为17%。

13. 6月14日，公司以银行存款替职工王扬垫付应由其个人负担的医疗费3 000元，拟从其工资中扣回。

14. 6月16日，收回上年度已转销为坏账损失的应收账款8 000元并存入银行。

15. 6月17日收到海南嘉华公司发来的4 000千克材料，验收无误，增值税专用发票记载的货款为40 000元，增值税税额为6 800元。公司以银行存款补付款项所欠款项。

16. 6月20日，以现金支付职工张某生活困难补助5 000元。

17. 6月20日，公司生产车间委托外单位修理机器设备，增值税专用发票上注明修理费用20 000元，增值税税额3 400元，款项已用银行存款支付。

18. 海南红日有限责任公司6月应付职工薪酬有关业务如下：

（1）本月应付工资总额703 000元，工资费用分配汇总表中列示的产品生产人员工资为450 000元，车间管理人员工资为85 000元，企业行政管理人员工资为123 000元，专设销售机构销售人员工资为45 000元。公司按职工工资总额的2%计提福利费。

（2）根据当地政府的规定，公司分别按照职工工资总额的如下比例计提“五险一金”。医疗保险费单位缴款比例为8%，个人缴款比例为2%；养老保险费单位缴款比例为20%，个人缴款比例为8%；失业保险费单位缴款比例为2%，个人缴款比例为1%；工伤保险费单位缴款比例为0.5%；生育保险费单位缴款比例为0.7%；住房公积金单位缴款比例为12%，个人缴款比例为12%。

（3）公司以银行存款上缴相关的社保基金及住房公积金。

（4）本月公司从职工工资中扣除应由职工负担的医疗保险基金14 060元，养老保险基金56 240元，失业保险基金7 030元，工伤保险基金3 515，生育保险基金4 921元，住房公积金84 360元，代扣代缴的个人所得税8 500元，实发工资524 374元，以银行存款发放职工工资。

（5）公司共有职工150名，假定110名为直接参加生产的职工，10名车间管理人员，16名销售人员，14名总部管理人员，公司以外购的、不含税的、单价为500元/台的微波炉作为福利发放给职工。

要求：请对公司上述应付职工薪酬的业务进行账务处理。

19. 海南红日有限责任公司期末采用应收账款余额百分比法（一般按0.5%的比例计提）计提坏账准备，截至2011年12月，应收款项期末余额、坏账转销、坏账收回的有关资料如下：

（1）2011年12月31日，应收账款余额为2 465 000.00元，“坏账准备”科目余额为12 325.00元。

（2）2012年3月20日，应收海南运通贸易有限公司的650 000元货款，因对方无力偿还，转销应收账款。

(3) 2012 年 4 月 16 日，公司于 2011 年 3 月 16 日已作为坏账予以转销的海南运通贸易有限公司的 650 000 元货款已全部收回。

(4) 2012 年 6 月 6 日，收到河南泰安贸易有限公司汇款 750 000.00 元，用于归还前欠货款。

要求： 请对红日公司 2012 年 6 月 30 日计提坏账准备的业务进行账务处理。

20. 海南红日公司为增值税一般纳税人，适用的增值税税率为 17%，材料采用实际成本进行日常核算。该公司 2012 年 5 月 31 日“应交税费——应交增值税”科目借方余额为 5 万元，该借方余额均可用下月的销项税额抵扣。6 月份发生以下涉及增值税的经济业务：

(1) 6 月 3 购买材料一批，增值税专用发票上注明价款为 50 万元，增值税额为 8.5 万元，公司已开出商业承兑汇票。该材料已验收入库。

(2) 6 月 8 对外销售原材料一批。该批原材料的成本为 30 万元，计税价格为 40 万元，应交纳的增值税额为 6.8 万元。

(3) 6 月 14 销售产品一批，销售价格为 30 万元（不含增值税额），实际成本为 25 万元，提货单和增值税专用发票已交购货方，货款尚未收到。该销售符合收入确认条件。

(4) 6 月 18 日建造职工俱乐部工程领用原材料一批，该批原材料实际成本为 20 万元，应由该批原材料负担的增值税额为 3.4 万元。

(5) 6 月 20 日因台风水淹毁损原材料一批，该批原材料的实际成本为 30 万元，增值税额为 5.1 万元。

(6) 用银行存款交纳本月增值税 3.2 万元。

要求：

(1) 编制上述经济业务相关的会计分录（“应交税费”科目要求写出明细科目及专栏名称）。

(2) 计算海南红日公司 6 月份发生的销项税额、应交增值税额和应交未交的增值税额。

财产物资岗位核算

【学习目标】

(1) 掌握：工业企业原材料在实际成本法和计划成本法下外购、发出材料的会计处理方法，存货盘盈盘亏的会计处理方法；固定资产增加、减少等相关业务的核算方法；无形资产增加、减少等相关业务核算方法；投资性房地产在成本模式和公允价值模式下增加、转换、处置等相关业务的核算方法。

(2) 理解：成本与市价孰低法的设计思路，固定资产、无形资产、投资性房地产的减值准备计提方法。

【学习重点与难点】

(一) 存货的核算

1. 存货的成本确认

(1) 存货的采购成本。指企业物资从采购到入库前所发生的全部支出，包括购买价款、相关税费、运输费、装卸费、保险费以及其他可归属于存货采购成本的费用。

(2) 存货的加工成本。指在存货的加工过程中发生的追加费用，包括直接人工以及按照一定方法分配的制造费用。

（3）存货的其他成本。指使存货达到目前场所和状态所发生的其他支出，如为特定客户设计产品所发生的、可直接确定的设计费用应计入存货的成本。

2. 发出存货的计价方法

（1）先进先出法。指以先购入的存货应先发出这样一种存货实物流动假设为前提，对发出存货进行计价的一种方法。其特点是：①期末结存存货的账面价值比较接近最新市价，资产负债表中的存货价值基本能够体现存货的现行市场价值；②当物价持续上涨时，会高估当期利润；反之，会低估当期利润；③工作烦琐，在手工核算的情形下，工作量比较大。

（2）月末一次加权平均法。加权平均法的理念是，仅在期末计算本期可供销售的存货的平均成本，然后以此计算发出存货的总成本。

$$\text{存货单位成本}=\left\{\begin{array}{c}\text{月初库存存货}+\sum\text{（本月各批进货}\\\text{的实际单位成本}\times\text{本月各批进货的数量）}\end{array}\right\}\div\left(\begin{array}{c}\text{月初库存存货的数量}+\\\text{本月各批进货数量之和}\end{array}\right)$$

本月发出存货的成本＝本月发出存货的数量×存货单位成本

本月月末库存存货成本＝月末库存存货的数量×存货单位成本

或

$$\text{本月月末库存存货成本}=\text{月初库存存货的实际成本}+\text{本月收入存货的实际成本}-\text{本月发出存货的实际成本}$$

其特点是：①平时只记录发出存货的数量而不记录金额，因此，在手工记账的情形下该方法有助于减轻工作量，但该方法不能够随时提供存货的账面价值数据，因而对于企业管理而言多有不便；②适用于存货收发比较频繁、单位价值不高的存货。

（3）个别计价法。成本流转与实物流转一致，发出存货根据该存货购入时的实际单位成本作为计价依据，最准确，但也最不现实。

期末结存存货成本＝期末结存存货成本＋本期购入存货成本－本期发出存货成本

①优点：能正确计算存货的成本。

②缺点：工作量大，品种多、进货批次多的，不宜采用。

③适用范围：不能替代使用的存货（如大型设备）、价格高昂的存货（如名贵珠宝或钟表）、为特定项目专门购入或制造的存货。

（4）移动加权平均法。指以每次进货的成本加上原有库存存货的成本，除以每次进货数量加上原有库存存货的数量，据以计算加权平均单位成本，作为在下次进货前计算各次发出存货成本依据的一种方法。计算公式如下：

$$\text{存货单位成本}=\left(\begin{array}{c}\text{原有库存存货的实际成本}\\+\text{本次进货的实际成本}\end{array}\right)\div\left(\begin{array}{c}\text{原有库存存货数}\\\text{量}+\text{本次进货数量}\end{array}\right)$$

本次发出存货的成本＝本次发出存货数量×本次发货前存货的单位成本

本月末库存存货成本=月末库存存货的数量×本月月末存货单位成本

3. 原材料的核算

原材料的日常收发及结存，可以采用实际成本法核算，也可以采用计划成本法核算。

(1) 实际成本法下原材料核算。

应设置的账户："在途物资"、"原材料"

①发票账单与材料同时到达（单货同到）：

借：原材料

　　应交税费——应交增值税（进项税额）

　　贷：银行存款（或：应付票据、应付账款）

②发票账单已到、材料未到（单到货未到）：

A. 货款已经支付或已开出商业承兑汇票，存货尚未到达或尚未验收入库。

借：在途物资

　　应交税费——应交增值税（进项税额）

　　贷：银行存款（或：应付账款、应付票据）

B. 存货已到并验收入库。

借：原材料

　　贷：在途物资

③材料已到、发票账单未到（货到单未到）：

A. 存货验收入库，材料到而结算凭证未到，可暂不做账务处理，月末按暂估价入账。

借：原材料（暂估价）

　　贷：应付账款（暂估价）

暂估材料款，对增值税不能估计。

B. 下月初用红字冲销上述分录。

借：原材料（红字）

　　贷：应付账款（红字）

C. 发票等结算凭证已经收到达时再按正常手续入账。

借：原材料

　　应交税费——应交增值税（进项税额）

　　贷：银行存款

④采用预付货款的方式采购材料：

A. 支付预付款时。

借：预付账款

　　贷：银行存款

B. 采购材料，根据发票等结算凭证支付货款时。

借：原材料

应交税费——应交增值税（进项税额）

贷：预付账款

C. 补付预付款时。

借：预付账款

贷：银行存款

D. 退回多付货款。

借：银行存款

贷：预付账款

预付款项情况不多的，也可以不设置本科目，将预付的款项直接记入“应付账款”科目。

⑤发出材料的会计处理：

借：生产成本（生产产品领用）

制造费用（车间一般耗用）

管理费用（行政管理部门领用）

销售费用（销售机构领用）

委托加工物资（发出材料加工）

其他业务成本（销售材料）

在建工程（工程项目领用）

贷：原材料等

（2）计划成本法下原材料的核算。

应设置的账户：“材料采购”、“原材料”、“材料成本差异”

①购入材料：

借：材料采购（实际成本）

应交税费——应交增值税（进项税额）

贷：银行存款（或应付账款、预付账款、应付票据）

②材料入库：

借：原材料（计划成本）

贷：材料采购（计划成本）

③结转入库材料成本差异（一般月末汇总结转）：

结转超支差

借：材料成本差异

贷：材料采购

结转节约差

借：材料采购

贷：材料成本差异

④发出材料的核算：

日常发出材料：

借：生产成本

制造费用

管理费用（计划成本）

销售费用

贷：原材料（计划成本）

⑤期末结转发出材料成本差异：

月末计算材料成本差异率（不得在季末或年末一次计算）

存货成本差异率 = （期初结存材料＋本期验收入库材料）的材料成本差异 ÷（期初结存材料＋本期验收入库材料）的计划成本×100%

发出材料应负担成本差异＝发出材料计划成本×材料成本差异率

结转超支差：

借：生产成本

制造费用

管理费用（计划成本×材料成本差异率）

销售费用

贷：材料成本差异

结转节约差作相反分录。

4. 委托加工物资

指企业委托外单位加工的各种材料商品等物资。

委托加工物资的成本包括：加工中实际耗用物资的成本、支付的加工费用及应负担的运杂费、支付的税金等。

委托加工应税消费品的会计核算。

（1）发出委托加工材料。

借：委托加工物资

贷：原材料

（2）支付运杂费。

借：委托加工物资

贷：银行存款

（3）支付加工费用和相关税费。

消费税组成计税价格＝材料实际成本＋加工费＋消费税

＝材料实际成本＋加工费＋消费税组成计税价格×消费税税率

＝（材料实际成本＋加工费）÷（1－消费税税率）

应交消费税＝消费税组成计税价格×消费税税率

应交增值税＝加工费×增值税税率

①企业收回加工后的材料用于连续生产应税消费品时：

借：委托加工物资

应交税费——应交增值税（进项税额）

——应交消费税（根据委托加工物资的分别处理）

贷：银行存款

②甲企业收回加工后的材料直接用于销售时：

借：委托加工物资

应交税费——应交增值税（进项税额）

贷：银行存款

（4）加工完成，收回委托加工材料。

借：原材料

贷：委托加工物资

5. 存货清查

通过对存货的实地盘点，确定存货的实有数量，并与账面结存数核对，从而确定存货实存数与账面结存数是否相符的一种专门方法。

存货清查结果的处理：

（1）存货盘盈（库存存货＞账面存货）。

①批准处理前：

借：原材料

贷：待处理财产损溢

②批准处理后：

借：待处理财产损溢

贷：管理费用

（2）存货盘亏（库存存货＜账面存货）。

①发现盘亏：

借：待处理财产损益

贷：原材料等

②处理结果：

借：管理费用（一般经营损失）

营业外支出（非正常损失）

其他应收款（责任人赔偿）

贷：待处理财产损益

应交税费——增（进项税额转出）

6. 存货期末计量

《企业会计准则第1号——存货》规定，资产负债表日，存货应当按照成本与可变现净值孰低计量，存货成本高于其可变现净值的，应当计提存货跌价准备，计入当期损益。

(1) 库存商品可变现净值的确定。

①可变现净值=预计售价-预计销售费用-预计销售税金

②可变现净值中预计售价的确认：

A. 有合同约定的存货，以商品的合同价格为预计售价。

B. 没有合同约定的存货，按一般销售价格为计量基础。

(2) 材料可变现净值的确定。

①用于生产的材料可变现净值=终端完工产品的预计售价-终端品的预计销售税金-终端品的预计销售费用-预计追加成本

②用于销售的材料可变现净值=材料的预计售价-材料的预计销售税金-材料的预计销售费用

(3) 存货跌价准备的会计处理。

①计提存货跌价准备时。

借：资产减值损失

贷：存货跌价准备

②存货跌价准备的转回。

借：存货跌价准备

贷：资产减值损失

(二) 固定资产的核算

1. 外购取得固定资产：

企业外购固定资产的成本，包括购买价款、相关税费（不含可抵扣的增值税进项税额）、使固定资产达到预定可使用状态前所发生的可归属于该项资产的运输费、装卸费、安装费和专业人员服务费等。

(1) 购入不需要安装的固定资产。

相关支出直接计入固定资产成本。

借：固定资产

应交税费——应交增值税（进项税额）

贷：银行存款

(2) 购入需要安装的固定资产。

①购买需安装的设备：

借：在建工程

应交税费——应交增值税（进项税额）

贷：银行存款

②领用本公司原材料、支付安装工人工资等费用：

借：在建工程

贷：原材料

应付职工薪酬

③设备安装完毕达到预定可使用状态，将在建工程转入固定资产：

借：固定资产

贷：在建工程

2. 自行建造固定资产

固定资产准则规定，自行建造固定资产的成本，由建造该项资产达到预定可使用状态前所发生的必要支出构成。包括工程用物资成本、人工成本、交纳的相关税费、应予资本化的借款费用以及应分摊的间接费用等。

(1) 自营方式建造固定资产。

①领用本公司原材料：

建造生产用的机器设备。

借：在建工程

贷：原材料

建造办公楼等非生产用固定资产。

借：在建工程

贷：原材料

应交税费——应交增值税（进项税额转出）

②领用自产的产品：

借：在建工程

贷：库存商品

应交税费——应交增值税（销项税额）

建造工程达预定可使用状态。

借：固定资产

　　贷：在建工程

（2）出包方式建造固定资产

①企业按合同约定向建造商支付预付款或进度款时：

借：在建工程

　　贷：银行存款

②工程完工补付工程价款时：

借：在建工程

　　贷：银行存款

③工程达到预定可使用状态时，按实际发生的全部支出：

借：固定资产

　　贷：在建工程

3. 固定资产计提折旧

（1）影响固定资产折旧的因素（折旧金额的大小到底取决于哪几个方面）。①固定资产原价；②预计净残值；③固定资产减值准备（固定资产计提减值准备后折旧需要重新计算）；④固定资产使用寿命。

（2）固定资产折旧范围。除以下情况外，企业应对所有固定资产计提折旧：

第一，已提足折旧仍继续使用的固定资产。

第二，按照规定单独计价作为固定资产入账的土地。

在确定计提折旧的范围时，还应注意以下几点：

①固定资产应当按月计提折旧，当月增加的固定资产，当月不计提折旧，从下月起计提折旧；当月减少的固定资产，当月仍计提折旧，从下月起停止计提折旧。

②固定资产提足折旧后，不论能否继续使用，均不再计提折旧；提前报废的固定资产，也不再补提折旧。

（3）固定资产的折旧方法。企业应当根据与固定资产有关的经济利益的预期实现方式，合理选择固定资产折旧方法。

①年限平均法：

年折旧额 =（原价 − 预计净残值）÷ 预计使用年限

= 原价 ×（1 − 预计净残值率）÷ 预计使用年限

= 原价 × 年折旧率

②工作量法：

每单位工作量折旧额＝固定资产原价×（1－预计净残值率）÷预计总工作量

某固定资产月折旧额＝该固定资产当月工作量×单位工作量折旧额

③双倍余额递减法：

年折旧率＝2÷预计使用寿命（年）×100%

年折旧额＝期初固定资产净值×2÷预计使用年限

月折旧率＝年折旧率÷12

月折旧额＝固定资产账面净值×月折旧率

最后两年改为直线法。

④年数总和法：

年折旧率＝尚可使用年限÷预计使用年限的年数总和×100%

折旧率＝年折旧率÷12

月折旧额＝（固定资产原价－预计净残值）×月折旧率

（4）固定资产折旧的核算。固定资产应当按月计提折旧，计提的折旧应当记入“累计折旧”科目，并根据用途计入相关资产的成本或者当期损益。

借：制造费用

　　管理费用

　　销售费用

　　贷：累计折旧

4. 固定资产后续支出

固定资产后续支出，通俗地讲，就是固定资产的改良、修理、装修等支出。我们把它分为两大类：

（1）资本化后续支出。计入固定资产入账价值的后续支出，称之为资本化的后续支出。资本化的后续支出应通过“在建工程”科目核算。

①借：在建工程

　　累计折旧

　　贷：固定资产

②借：在建工程

　　贷：工程物资

　　　　原材料

　　　　应付职工薪酬

　　　　银行存款

③借：固定资产

贷：在建工程

(2) 费用化的后续支出。与固定资产有关的修理费用等后续支出，不符合固定资产确认条件的，应当根据不同情况分别在发生时计入当期管理费用或销售费用等。

企业生产车间和行政管理部门等发生的固定资产修理费用等后续支出计入管理费用；企业专设销售机构的，其发生的与专设销售机构相关的固定资产修理费用等后续支出，计入销售费用。

企业以经营租赁方式租入的固定资产发生的改良支出，应予资本化，作为长期待摊费用，合理进行摊销。

借：管理费用

销售费用

贷：银行存款

5. 固定资产处置

固定资产的处置就是固定资产终止确认，要将固定资产的账面价值从账上注销。固定资产处置，包括固定资产的出售、转让、报废和毁损、对外投资、非货币性资产交换、债务重组等。

企业因出售、报废、毁损、对外投资、非货币性资产交换等原因进行的固定资产处置一般通过"固定资产清理"科目核算。

会计处理步骤：

(1) 固定资产转入清理。

借：固定资产清理

累计折旧

贷：固定资产

(2) 发生的清理费用等。

借：固定资产清理

贷：银行存款

(3) 收回出售价款、残料价值和变价收入等。

借：银行存款（或原材料）

贷：固定资产清理

(4) 保险赔偿等的处理。

借：其他应收款

贷：固定资产清理

(5) 清理净损益的处理。

借：营业外支出

　　贷：固定资产清理

或借：固定资产清理

　　　贷：营业外收入

6. 固定资产清查

盘亏、毁损的固定资产，应先通过“待处理财产损溢”科目核算。

(1) 批准处理前。

借：待处理财产损溢

　　累计折旧

　　固定资产减值准备

　　贷：固定资产

(2) 批准处理后。

借：营业外支出——固定资产盘亏（净损失）

　　其他应收款——某责任人等

　　贷：待处理财产损溢

盘盈的固定资产，作为前期差错更正处理，通过“以前年度损益调整”科目核算。

7. 固定资产减值

在资产负债表日固定资产存在可能发生减值的迹象时，其可收回金额低于账面价值的，企业应当将该固定资产的账面价值减记至可收回金额，减记的金额确认为减值损失，计入当期损益，同时计提相应的资产减值准备。并按减记金额作如下账务处理：

借：资产减值损失——计提的固定资产减值准备

　　贷：固定资产减值准备

固定资产减值损失一经确认，在以后会计期间不得转回。

(三) 无形资产的核算

为了核算无形资产的取得、摊销和处置等情况，企业应当设置“无形资产”、“累计摊销”等科目。

1. 无形资产的取得

无形资产应当按照成本进行初始计量。企业取得无形资产的主要方式有外购、自行研究开发等。取得方式不同，其会计处理也有所差别。

(1) 外购的无形资产，其成本包括价款、相关税费以及直接归属于使该资产达到预定用途所发生的其他支出。企业购入的无形资产，应按实际支付的成本。

借：无形资产

贷：银行存款

（2）自行研究开发的无形资产。企业内部研究开发项目所发生的支出应区分研究阶段支出和开发阶段支出。

企业应当设置“研发支出”科目，核算企业进行研究与开发无形资产过程中发出的各项支出，按照研究开发项目，分别以“费用化支出”与“资本化支出”进行明细核算。

企业自行开发无形资产发出的研发支出。

借：研发支出——费用化支出（不满足资本化条件的研发支出）

——资本化支出（满足资本化条件的研发支出）

贷：原材料

银行存款

应付职工薪酬

研究开发项目达到预定用途形成无形资产的，应

借：无形资产

贷：研发支出——资本化支出

期（月）末，应将费用化支出转出计入当期损益。

借：管理费用

贷：研发支出——费用化支出

2. 无形资产摊销

（1）摊销处理的无形资产的范围。企业应当于取得无形资产时分析判断其使用寿命。使用寿命有限的无形资产应进行摊销。使用寿命不确定的无形资产不应摊销。

（2）无形资产的应摊销金额、摊销期和摊销方法。使用寿命有限的无形资产，其残值应当视为零。但下列情况除外：①有第三方承诺在无须资产使用寿命结束时购买该无形资产；②可以根据活跃市场得到预计残值信息，并且该市场在无形资产使用寿命结束时很可能存在。

无形资产的应摊销金额＝无形资产的成本－预计残值－减值准备

使用寿命有限的无形资产应当自可供使用（即其达到预定用途）当月起开始摊销，处置当月不再摊销。

无形资产摊销方法有：直线法、生产总量法、加速摊销法等。

企业选择的无形资产的摊销方法，应当反映与该项无形资产有关的经济利益的预期实现方式。没有可靠确定预期实现方式的，应当采用直线法摊销。

(3) 无形资产摊销的会计处理。

借：管理费用（自用的）

　　其他业务成本（出租的）

　　制造费用（生产用）

　　贷：累计摊销

3. 无形资产的处置

(1) 无形资产出租。

A. 出租无形资产，取得的租金收入

借：银行存款等

　　贷：其他业务收入

B. 结转出租无形资产的成本时

借：其他业务成本

　　贷：累计摊销

(2) 无形资产出售。应将所取得的价款与该无形资产账面价值以及出售相关税费后的差额计入营业外收入或营业外支出。

借：银行存款

　　累计摊销

　　无形资产减值准备

　　贷：无形资产

　　　　应交税费——应交营业税

　　　　营业外收入（或借"营业外支出"）

(3) 无形资产减值。

①无形资产减值金额的确定：

无形资产在资产负债表日存在可能发生减值的迹象时，其可收回金额低于账面价值的，企业应当将该无形资产的账面价值减记至可收回金额，减记的金额确认为减值损失，计入当期损益，同时计提相应的资产减值准备。

②无形资产减值的会计处理：

企业计提无形资产减值准备，应当设置"无形资产减值准备"科目核算。企业按应减记的金额

借：资产减值损失——计提的无形资产减值准备

　　贷：无形资产减值准备

无形资产减值损失一经确认，在以后会计期间不得转回。

（四）其他资产核算

其他资产核算包括长期待摊费用等。

长期待摊费用是指企业已经发生但应由本期和以后各期负担的分摊期限在一年以上的各项费用，如以经营租赁方式租入的固定资产发生的改良支出等。企业应通过“长期待摊费用”科目，核算长期待摊费用的发生、摊销和结存等情况。

企业发生的长期待摊费用：

借：长期待摊费用

　　贷：银行存款

　　　　原材料等科目。

摊销长期待摊费用时：

借：管理费用

　　销售费用等科目

　　贷：长期待摊费用

本科目期末借方余额，反映企业尚未摊销完毕的长期待摊费用。

（五）投资性房地产核算

1. 投资性房地产的含义

投资性房地产，是指为赚取租金或资本增值，或两者兼有而持有的房地产。主要包括已出租的土地使用权、持有并准备增值后转让的土地使用权和已出租的建筑物。下列不属于投资性房地产：①自用房地产；②作为存货的房地产。

某项房地产，部分用于赚取租金或资本增值、部分用于生产商品、提供劳务或经营管理，能够单独计量和出售的、用于赚取租金或资本增值的部分，应当确认为投资性房地产；不能够单独计量和出售的、用于赚取租金或资本增值的部分，不确认为投资性房地产。

2. 外购投资性房地产

外购投资性房地产的成本，包括购买价款、相关税费和可直接归属于该资产的其他支出。

借：投资性房地产

　　贷：银行存款

3. 自行建造的投资性房地产的确认和初始计量

自行建造投资性房地产的成本，由建造该项资产达到预定可使用状态前所发生的必要支出构成，包括土地开发费、建筑成本、安装成本、应予以资本化的借款费用支付的其他费用和分摊的间接费用等。

（1）发生支出时。

借：在建工程

　　贷：银行存款等

（2）达到预定可使用状态。

借：投资性房地产

　　贷：在建工程

4. 采用成本模式进行后续计量的投资性房地产

（1）计提折旧或摊销。

借：其他业务成本

　　贷：投资性房地产累计折旧（摊销）

（2）取得租金收入。

借：银行存款

　　贷：其他业务收入

（3）计提减值准备。

借：资产减值损失

　　贷：投资性房地产减值准备

减值准备一经计提，在持有期间不得转回。

5. 采用公允价值模式进行后续计量的投资性房地产

企业采用公允价值模式进行后续计量的，不对投资性房地产计提折旧或进行摊销，应当以资产负债表日投资性房地产的公允价值为基础调整其账面价值，公允价值与原账面价值之间的差额计入当期损益（公允价值变动损益）。投资性房地产取得的租金收入，确认为其他业务收入。

资产负债表日，投资性房地产的公允价值高于其账面余额的差额，

借：投资性房地产——公允价值变动

　　贷：公允价值变动损益

公允价值低于其账面余额的差额作相反的会计分录。

6. 投资性房地产的处置

当投资性房地产被处置，或者永久退出使用且预计不能从其处置中取得经济利益时，应当终止确认该项投资性房地产。

企业出售、转让、报废投资性房地产或者发生投资性房地产毁损时，应当将处置收入扣除其账面价值和相关税费后的金额计入当期损益（将实际收到的处置收入计入其他业务收入，所处置投资性房地产的账面价值计入其他业务成本）。

（1）采用成本模式计量。

借：银行存款等（实收金额）

　　贷：其他业务收入

借：投资性房地产累计折旧（摊销）
　　其他业务成本（差额）
　　贷：投资性房地产（账面余额）

（2）采用公允价值模式计量。

借：银行存款等（实收金额）
　　贷：其他业务收入

借：其他业务成本（投资性房地产的账面余额）
　　贷：投资性房地产——成本
　　　　投资性房地产——公允价值变动（或在借方）

同时，借：公允价值变动损益
　　　　贷：其他业务收入

一、单项选择题

1. 甲公司为增值税一般纳税人，委托外单位加工一批应交消费税的商品，以银行存款支付加工费200万元、增值税34万元、消费税30万元，该加工商品收回后将直接用于销售。甲公司支付上述相关款项时，应编制的会计分录是（　　）。

A. 借：委托加工物资 264
　　贷：银行存款 264

B. 借：委托加工物资 230
　　应交税费 34
　　贷：银行存款 264

C. 借：委托加工物资 200
　　应交税费 64
　　贷：银行存款 264

D. 借：委托加工物资 264
　　贷：银行存款 200

2. 某企业对材料采用计划成本核算。2008 年 12 月 1 日，结存材料的计划成本为 400 万元，材料成本差异贷方余额为 6 万元；本月入库材料的计划成本为 2 000 万元，材料成本差异借方发生额为 12 万元；本月发出材料的计划成本为 1 600 万元。该企业 2008 年 12 月 31 日结存材料的实际成本为（ ）万元。

A. 798　B. 800　C. 802　D. 1 604

3. 某企业只生产和销售甲产品，2011 年 4 月 1 日期初在产品成本 3.5 万元。4 月份发生如下费用：领用材料 6 万元，生产工人工资 2 万元，制造费用 1 万元，行政管理部门物料消耗 1.5 万元，专设销售机构固定资产折旧费 0.8 万元。月末在产品成本 3 万元。该企业 4 月份完工甲产品的生产成本为（ ）万元。

A. 9　B. 9.5　C. 8.3　D. 11.8

4. 企业发生盘盈的存货，经有关部门批准后，应该（ ）。

A. 作为其他业务收入处理　B. 作为营业外收入处理

C. 冲减管理费用　D. 冲减其他业务成本

5. 一般纳税人委托其他单位加工材料收回后直接对外销售的，其发生的下列支出中，不应计入委托加工材料成本的是（ ）。

A. 发出材料的实际成本　B. 支付给受托方的加工费

C. 支付给受托方的增值税　D. 受托方代收代缴的消费税

6. 某企业采用先进先出法计算发出甲材料的成本，2011 年 2 月 1 日，结存甲材料 200 千克，每千克实际成本 100 元；2 月 10 日购入甲材料 100 千克，每千克实际成本 110 元；2 月 15 日发出甲材料 400 千克。2 月末，库存甲材料的实际成本为（ ）元。

A. 10 000　B. 10 500　C. 10 600　D. 11 000

7. 某企业为增值税小规模纳税人，本月购入甲材料 2 060 千克，每千克单价（含增值税）50 元，另外支付运杂费 3 500 元，运输途中发生合理损耗 60 千克，入库前发生挑选整理费用 620 元。该批材料入库的实际单位成本为每千克（ ）元。

A. 50　B. 51.81　C. 52　D. 53.56

8. 某企业采用计划成本进行材料的日常核算。月初结存材料的计划成本为 80 万元，成本差异为超支 20 万元。当月购入材料一批，实际成本为 110 万元，计划成本为 120 万元。当月领用材料的计划成本为 100 万元，当月领用材料应负担的材料成本差异为（ ）万元。

A. 超支 5　B. 节约 5　C. 超支 15　D. 节约 15

9. 某企业 2011 年 3 月 31 日，乙存货的实际成本为 100 万元，加工该存货至完工产成品估计还将发生成本为 20 万元，估计销售费用和相关税费为 2 万元，估计用该存货生产的产成品售价 10 万元。假定乙存货月初“存货跌价准备”科目余额为 0，2011 年 3 月 31 日应计提的存货跌价准备为（ ）万元。

A. −10　B. 0　C. 10　D. 12

10. 某企业为增值税一般纳税人，购入材料一批，增值税专用发票上标明的价款为25万元，增值税为4.25万元，另支付材料的保险费2万元、包装物押金2万元。该批材料的采购成本为（　　）万元。

A. 27　　B. 29　　C. 29.25　　D. 31.25

11. 某企业采用月末一次加权平均计算发出原材料的成本。2011年2月1日，甲材料结存200千克，每千克实际成本为100元；2月10日购入甲材料300千克，每千克实际成本为110元；2月25日发出甲材料400千克。2月末，甲材料的库存余额为（　　）元。

A. 10 000　　B. 10 500　　C. 10 600　　D. 11 000

12. 下列各项，不会引起企业期末存货账面价值变动的是（　　）。

A. 已发出商品但尚未确认销售收入

B. 已确认销售收入但尚未发出商品

C. 已收到材料但尚未收到发票账单

D. 已收到发票账单并付款但尚未收到材料

13. 下列各项支出中，不计入存货成本的是（　　）。

A. 可以抵扣的增值税进项税额

B. 入库前的挑选整理费

C. 购买存货而发生的运输费

D. 购买存货而交纳的消费税

14. 企业对随同商品出售而不单独计价的包装物进行会计处理时，该包装物的实际成本应结转到（　　）。

A. “制造费用”科目　　B. “销售费用”科目

C. “管理费用”科目　　D. “其他业务成本”科目

15. 购进存货运输途中发生的合理损耗应（　　）。

A. 计入存货采购成本　　B. 由运输单位赔偿

C. 计入管理费用　　D. 由保险公司赔偿

16. 在物价持续上涨期间，能使企业发出存货最准确的计价方法为（　　）。

A. 移动加权平均法　　B. 先进先出法

C. 加权平均法　　D. 个别计价法

17. 出借包装物采用一次摊销的情况下，出借包装物报废时收回的残料价值应冲减(　　)。

A. 管理费用　　B. 其他业务成本

C. 包装物成本　　D. 销售费用

18. 某小企业委托其他单位加工材料，收回后直接对外销售。加工中发生了下列支出：

发出材料的实际成本 5 000 元，支付的加工费 2 000 元，增值税 340 元，往返运杂费 200 元，受托方代收代交消费税 500 元。材料加工完毕，收回剩余残料价值 200 元，则委托加工物资入账价格应为（ ）。

A. 7 540　B. 7 700　C. 7 500　D. 7 200

19. 采用计划成本进行材料日常核算时，月末发出材料应分摊的成本差异，无论是节约还是超支，均应记入（ ）。

A. “材料成本差异”账户的借方

B. “材料成本差异”账户的贷方

C. “材料成本差异”账户的借方或贷方

D. 其他账户

20. 期末对存货采用成本与可变现净值孰低法计价时，其可变现净值的含义（ ）。

A. 预计存货的售价

B. 预计售价减去进一步加工成本和销售所必需的预计税金及费用。

C. 现时重置成本

D. 现时重置成本加正常利润

21. 材料已经验收入库，月末结算凭证未到，可按材料合同价款入账，应做的会计分录为（ ）。

A. 借：在途物资
　　贷：应付账款

B. 借：原材料
　　贷：应付账款

C. 借：在途物资
　　贷：其他应付款

D. 借：原材料
　　贷：在途物资

22. 企业购买一台无需安装的设备，买价 100 万元，增值税 17 万元，运杂费 3 万元，款项以银行存款支付，则固定资产的入账价值为（ ）万元。

A. 100　B. 103　C. 117　D. 120

23. 某企业购入机器设备一台，价格为 50 000 元，增值税为 8 500 元，运达该企业的运输费为 2 000 元（不考虑增值税），安装时，耗用材料 5 000 元，耗用人工工资 3 000 元，该设备已安装完毕，并交付使用，下列会计分录正确的是（ ）。

A. 借：固定资产 68500
　　贷：管理费用 2000
　　　　原材料 5 000
　　　　应付职工薪酬 3 000
　　　　银行存款 58 500

B. 借：在建工程 52000
　　应交税费——应交增值税（进项税额） 8 500
　　贷：银行存款 60 500
同时，借：在建工程 8 000
　　贷：原材料 5 000
　　　　应付职工薪酬 30 00
借：固定资产 60 000
　　贷：在建工程 60 000

C. 借：固定资产 50 000　　　　D. 借：固定资产 60 500
　贷：银行存款 50 000　　　　　贷：银行存款 60 500
同时，借：管理费用 18 500　　　同时，借：管理费用 8 000
　　贷：银行存款 10 500　　　　　　贷：原材料 5 000
　　　原材料 5 000　　　　　　　　　应付职工薪酬 3 000
　　　应付职工薪酬 3 000

24. 下列项目中，不应计入固定资产入账价值的是（　　）。

A. 固定资产安装过程中领用生产用原材料负担的增值税

B. 固定资产交付使用前发生的借款利息

C. 固定资产交付使用后至竣工决算前发生的借款利息

D. 固定资产改良过程中领用原材料负担的消费税

25. 为建造固定资产而发生的利息支出，在固定资产达到预定可使用状态前发生的，应计入（　）。

A. 在建工程　　B. 财务费用　　C. 营业费用　　D. 固定资产

26. 应对以下（　　）固定资产计提折旧。

A. 当月新增加的固定资产

B. 已提足折旧仍继续使用的固定资产

C. 单独计价入账的土地

D. 当月新减少的固定资产

27. 企业的下列固定资产，按规定不应计提折旧的是（　　）。

A. 经营性租入的设备　　B. 融资租入的设备

C. 经营性租出的房屋　　D. 未使用的房屋

28. 计提本月固定资产折旧，其中生产车间固定资产折旧 2 万元，行政管理用固定资产折旧 3 万元，其中行政管理用固定资产折旧应借记（　　）科目。

A. 生产成本　B. 制造费用

C. 营业费用　D. 管理费用

29. 某企业于 2011 年 2 月 1 日购入机器一台，价值为 50 000 元，预计使用年限为 10 年，预计残值为 2 000 元．预计清理费用为 5 000 元，该企业采用年限平均法计提折旧。该机器 2011 年 2 月底应计提的折旧额是（　　）元。

A. 4 300　　B. 1 541.67　　C. 4 800　　D. 0

30. 某项固定资产的原值为 160 000 元，预计使用年限为 5 年，预计净残值为 16 000 元，则按年数总和法计算的第 4 年的折旧额为（　　）。

A. 19 200 元　　B. 20 800 元　　C. 28 800 元　　D. 38 400 元

31. 企业某月末计算本月车间使用机器设备等固定资产应提折旧6 000元。这笔经济业务应编制的会计分录为（　）。

A. 借：生产成本6 000
　　贷：累计折旧6 000

B. 借：管理费用6 000
　　贷：累计折旧6 000

C. 借：制造费用6 000
　　贷：累计折旧6 000

D. 借：主营业务成本6 000
　　贷：累计折旧6 000

32. 某固定资产原值为250 000元，预计净残值6 000元，预计可以使用8年，按照双倍余额递减法计算，第二年应提取的折旧（　）元。

A. 46 875　　B. 45 750　　C. 61 000　　D. 30 500

33. 关于固定资产的使用寿命、预计净残值和折旧方法，下列说法中正确的是（　　）。

A. 与固定资产有关的经济利益预期实现方式有重大改变的，应当改变固定资产折旧方法

B. 与固定资产有关的经济利益预期实现方式有重大改变的，应当调整固定资产使用寿命

C. 与固定资产有关的经济利益预期实现方式有重大改变的，应当调整预计净残值

D. 与固定资产有关的经济利益预期实现方式有重大改变的，应当调整固定资产的使用寿命和折旧方法

34. 企业对一项原值为125万元，预计使用五年，已使用三年的固定资产进行改建，改建前按照发生改建支出50万元。改建前按照直线法计提折旧（预计无残值），则改建后该项固定资产的入账价值为（　　）万元。

A. 100　　B. 125　　C. 150　　D. 175

35. 企业发生固定资产盘盈，应通过（　）账户进行核算。

A. 待处理财产损益　　B. 营业外收入

C. 营业外支出　　D. 以前年度损益调整

36. 某企业出售闲置的设备，账面原价21 000元，已经使用两年，已经计提折旧2 100元，出售的时候发生清理费用400元，出售价格18 000元，该企业出售此设备发生的净损益为（　）。

A. −500元　　B. −1 300元　　C. −900元　　D. 1 300元

37. 出售一套闲置房产，该房产的原值为10万元，已计提折旧6万元，应按该房产的账面净值借记（　　）科目。

A. 营业外支出　　B. 营业外收入

C. 固定资产清理　　D. 待处理财产损溢

38. 房产售价为 8 万，款项收存银行，应贷记的会计科目为（　　）。

A. 营业外收入　　B. 固定资产清理

C. 其他业务收入　　D. 银行存款

39. 房产转让收入适用 5% 的营业税，应借记（　　）科目。

A. 营业外支出　　B. 其他业务支出

C. 主营业务税金及附加　　D. 固定资产清理

40. 某公司一台机器使用期满决定报废，该机器原价为 500 000 元，已计提折旧 470 000 元，已计提减值准备 15 000 元，在清理过程中支付清理费用 2 000 元，残料变卖收入 20 000 元，不考虑相关税费，该机器的清理净收入是（　　）元。

A. 18 000　　B. 3 000　　C. 5 000　　D. －10 000

41. “累计折旧、坏账准备”账户按用途和结构分类属于（　　）。

A. 资产类账户　　B. 负债类账户

C. 备抵调整账户　　D. 费用类账户

42. 某企业 2011 年 12 月 31 日“固定资产”科目余额为 700 万元，“累计折旧”科目余额为 100 万元，“固定资产减值准备”科目余额为 50 万元。该企业 2011 年 12 月 31 日资产负债表“固定资产”的项目金额为（　　）万元。

A. 550　　B. 700　　C. 600　　D. 650

43. 下列项目中，应确认为无形资产的是（　　）。

A. 企业自创商誉

B. 企业内部产生的品牌

C. 企业内部研究开发项目研究阶段的支出

D. 企业购入的专利权

44. 下列不属于可辨认无形资产的是（　　）。

A. 专利权　　B. 专有技术　　C. 商标权　　D. 商誉

45. 企业外购的无形资产，应按（　　）入账。

A. 原值　　B. 账面价值　　C. 评估价值　　D. 购入实际支出

46. 不属于无形资产的是（　　）。

A. 商标权　　B. 专利权　　C. 非专利技术　　D. 商誉

47. 企业内部项目开发阶段的支出，要确认为无形资产所必须满足的条件不包括（　　）。

A. 完成该无形资产以使其能够使用或者出售在技术上具有可行性

B. 归属于该无形资产研究阶段的支出能够可靠地计量

C. 有足够的技术、财务资源和其他资源支持，以完成该无形资产的开发，并有能力使用或出售该无形资产

D. 具有完成该无形资产并使用或出售的意图

48. 下列关于无形资产主要特征的说法中，不正确的是（　　）。

A. 不具有实物形态　　B. 具有可辨认性

C. 具有不可辨认性　　D. 属于非货币性长期资产

49. 在资产负债表“无形资产”项目中，反映企业所持有的无形资产不包括（　　）。

A. 专利权　　B. 商标权　　C. 商誉　　D. 土地使用权

50. 某企业于2010年1月1日购入一项专利权，实际支付款项100万元，按10年的预计使用寿命采用直线法摊销。2011年年末，该无形资产的可收回金额为80万元，2012年1月1日，对无形资产的使用寿命和摊销方法进行复核，该无形资产尚可使用的寿命为5年，摊销方法仍采用直线法。该专利权2011年应摊销的金额为（　　）万元。

A. 10　　B. 15　　C. 16　　D. 12

51. 甲公司以300万元的价格对外转让一项专利权。该项专利权系甲公司以500万元的价格购入，购入时该专利权预计使用年限为10年。转让时该专利权已使用5年。转让该专利权应交的营业税为15万元，假定不考虑其他相关税费。该专利权未计提减值准备。甲公司转让该专利权所获得的净收益为（　　）万元。

A. 15　　B. 25　　C. 35　　D. 45

52. 甲公司为增值税一般纳税人，2012年1月5日以2 700万元购入一项专利权，另支付相关税费300万元。为推广由该专利权生产的产品，甲公司发生广告宣传费60万元。该专利权预计使用5年，预计净残值为零，采用直线法摊销。假设不考虑其他因素，2012年12月31日该专利权的账面价值为（　　）万元。

A. 2 400　　B. 2 256　　C. 2 304　　D. 2 700

53. 2011年8月1日，某企业开始研究开发一项新技术，当月共发生研发支出900万元，其中，费用化的金额550万元，符合资本化条件的金额350万元。8月末，研发活动尚未完成。该企业2011年8月应计入当期利润总额的研发支出为（　　）万元。

A. 0　　B. 350　　C. 550　　D. 800

54. 下列各项中，不会引起无形资产账面价值发生增减变动的是（　　）。

A. 对无形资产计提减值准备

B. 发生无形资产后续支出

C. 摊销无形资产

D. 转让无形资产所有权

55. 根据税法有关规定，转让无形资产的单位和个人应计算缴纳（　　）。

A. 消费税　　B. 营业税　　C. 增值税　　D. 所得税

56. 出售无形资产时，所收价款高于账面价值的差额应记入（　　）账户。

A. 投资收益　　B. 资本公积　　C. 其他业务收入　　D. 营业外收入

57. 无形资产摊销方法一般采用（　　）。

A. 直线摊销法　　B. 分次摊销法

C. 一次摊销法　　D. 五五摊销法

58. 甲企业研制一项新技术，在研制过程中，发生资本化的开发成本 11 万元，研制成功后向专利注册机构进行了登记，在申请专利的过程中，发生的注册登记费为 30 000 元，聘请律师费 5 000 元，该项专利的入账价值为（　　）元。

A. 60 000　　B. 110 000　　C. 145 000　　D. 35 000

59. 某股份有限公司于 2010 年 7 月 1 日，以 50 万元的价格转让一项无形资产所有权，同时发生相关税费 3 万元。该无形资产系 2007 年 7 月 1 日购入并投入使用，其入账价值为 300 万元，预计使用年限为 5 年，法律规定的有效年限为 6 年，该无形资产按照直线法摊销。转让该无形资产发生的净损失为（　　）万元。

A. 70　　B. 73　　C. 100　　D. 103

60. 下列有关无形资产会计处理的表述中，错误的是（　　）。

A. 无形资产后续支出应在发生时计入当期损益

B. 购入但尚未使用的无形资产的价值不应进行摊销

C. 不能为企业带来经济利益的无形资产的账面价值应全部转入当期损益

D. 只有很可能为企业带来经济利益且成本能够可靠计量的无形资产才能予以确认

61. 某公司的"长期待摊费用"为行政管理部门租入办公用房的装修支出，该房产的摊销期尚余 16 个月，每月摊销 1 万元，以下对摊销本月应负担部分的描述错误的是（　　）。

A. 应借记"管理费用"科目

B. 应贷记"长期待摊销费用"科目

C. 房产租赁期满时该项"长期待摊费用"的余额为零

D. "长期待摊费用"属于损益类中的费用科目

62. 下列关于投资性房地产核算的表述中，正确的是（　　）。

A. 采用成本模式计量的投资性房地产不需要确认减值损失

B. 采用成本模式计量的投资性房地产，不需计提折旧

C. 采用公允价值模式计量的投资性房地产，公允价值的变动金额应计入资本公积

D. 采用公允价值模式计量的投资性房地产，公允价值变动应计入公用价值变动损益

63. 下列不属于企业投资性房地产的是（　　）。

A. 企业持有并准备增值后转让的土地使用权

B. 房地产企业拥有并自行经营的饭店

C. 房地产开发企业将作为存货的商品房以经营租赁方式出租

D. 企业持有以备经营出租的空置建筑物，企业管理当局作出正式书面决议，明确将其用于经营出租且持有意图短期内不再发生变化的

64. 企业外购、自行建造等取得的投资性房地产，应按投资性房地产准则确定的成本，借记（ ）科目，贷记“银行存款”、“在建工程”等科目。

A. 投资性房地产　B. 固定资产　C. 在建工程　D. 无形资产

65. 甲房地产开发商于2011年1月，将作为存货的商品房转换为采用公允价值模式计量的投资性房地产，转换日的商品房账面余额为1 000万元，已计提跌价准备170万元，该项房产在转换日的公允价值1 100万元，则转换日计入投资性房地产——成本的金额是（ ）万元。

A. 1 100　B. 830　C. 1 000　D. 930

66. 甲公司于2011年1月1日与A公司签订一份租约，约定于2011年2月1日将一幢商品房租与A公司，租期为1年，每季度收取租金。则甲公司将此商品房确认为投资性房地产的日期为（ ）。

A. 2月1日　B. 1月1日　C. 6月1日　D. 12月31日

67. 企业对成本模式进行后续计量的投资性房地产摊销时，应该借记（ ）科目。

A. 投资收益　B. 其他业务成本

C. 营业外收入　D. 管理费用

68. 关于投资性房地产的计量模式，下列说法中不正确的是（ ）。

A. 采用公允价值模式计量的，不对投资性房地产计提折旧或进行摊销

B. 企业对投资性房地产的计量模式一经确定，不得随意变更

C. 已采用公允价值模式计量的投资性房地产，不得从公允价值模式转为成本模式

D. 已采用成本模式计量的投资性房地产，不得从成本模式转为公允价值模式

69. 下列各项中，说法不正确的是（ ）。

A. 企业处置投资性房地产时，应当将处置收入计入其他业务收入

B. 采用成本模式计量的投资性房地产的折旧（或摊销）费用应计入其他业务成本

C. 企业处置采用公允价值模式计量的投资性房地产时，原转换日计入资本公积的金额，应转入投资收益

D. 企业处置采用公允价值模式计量的投资性房地产时，应当将累计公允价值变动转入其他业务收入

70. 某企业采用成本模式对投资性房地产进行后续计量，2012年9月20日达到预定可使用状态的自行建造的办公楼对外出租，该办公楼建造成本为2 600万元，预计使用年限为25年，预计净残值为100万元。在采用年限平均法计提折旧的情况下，2012年该办公楼应计提的折旧额为（ ）万元。

A. 0　B. 25　C. 100　D. 50

71. 2011年6月20日甲公司购买一块土地使用权，购买价款为3 600万元，支付相关手

续费60万元，款项全部以银行存款支付。企业购买后用于对外出租。甲公司对该投资性房地产采用公允价值模式进行后续计量。该项投资性房地产2011年取得租金收入为160万元，已存入银行，假定不考虑其他相关税费。2011年12月31日，该投资性房地产的公允价值为3 520万元。该项投资性房地产在2011年影响损益的金额为（　　）万元。

A. 160　　B. -140　　C. 20　　D. 300

72. 长江公司于2011年1月1日将一幢商品房对外出租并采用公允价值模式计量，租期为3年，每年12月31日收取租金100万元，出租时，该幢商品房的成本为2 000万元，公允价值为1 900万元，2011年12月31日，该幢商品房的公允价值为2 050万元。长江公司2011年应确认的公允价值变动损益为（　　）万元。

A. 损失50　　B. 收益50　　C. 收益150　　D. 损失100

73. 企业出售、转让、报废投资性房地产时，应当将处置收入计入（　　）。

A. 公允价值变动损益　　B. 营业外收入

C. 其他业务收入　　D. 资本公积

二、多项选择题

1. 企业存货应当定期清查，每年至少清查一次。清查存货采用的方法通常有（　　）。

A. 实地盘点法　　B. 发函询证法　　C. 技术推算法　　D. 对账单核对法

2. 下列各项，构成企业委托加工物资成本的有（　　）。

A. 加工中实际耗用物资的成本

B. 支付的加工费用和保险费

C. 收回后直接销售物资的代收代缴消费税

D. 收回后继续加工物资的代收代缴消费税

3. 下列各项中，关于企业存货的表述正确的有（　　）。

A. 存货应按照成本进行初始计量

B. 存货成本包括采购成本、加工成本和其他成本

C. 存货期末计价应按照成本与可变现净值孰低计量

D. 存货采用计划成本核算的，期末应将计划成本调整为实际成本

4. 一般纳税人企业委托外单位加工用于直接对外销售的存货，其实际成本应包括（　　）。

A. 加工中实际耗用有关存货的实际成本　　B. 加工费用

C. 加工环节的消费税　　D. 加工中支付的增值税

5. 企业对于下列的存货盘亏或毁损事项进行处理时，应当计入管理费用的有（　　）。

A. 因收发计量原因造成的存货盘亏净损失

B. 因自然灾害造成的存货毁损净损失

C. 因定额内损耗造成的存货盘亏净损失

D. 因管理不善造成的存货盘亏净损失

6. 企业购进材料一批，已验收入库，但结算凭证未到，货款尚未支付，应作如下处理（　　）。

A. 材料验收入库即入账　　B. 材料验收入库时暂不入账

C. 月末按暂估价入账　　D. 下月初用红字冲回

7. 下列项目中，应计入材料成本的税金有（　　）。

A. 材料委托加工后用于连续生产应税消费品已交的消费税

B. 一般纳税企业购入材料的增值税

C. 收购未税矿产品代扣代缴的资源税

D. 小规模纳税企业购入原材料已缴的增值税

8. 低值易耗品价值的分期摊销法适用于（　　）的低值易耗品。

A. 使用期限较长　　B. 单位价值较高

C. 一次领用数量较大　　D. 容易破损

9. “材料成本差异”账户贷方的核算内容有（　　）。

A. 入库材料成本超支差异

B. 入库材料成本节约差异

C. 结转发出材料应负担的超支差异

D. 结转发出材料应负担的节约差异

10. 下列应记入“销售费用”的业务有（　　）。

A. 领用随产品出售单独计价的包装物

B. 领用随产品出售不单独计价的包装物

C. 摊销出租包装物的成本

D. 摊销出借包装物的成本

11. 下列各项资产中，属于存货范围的有（　　）。

A. 在途材料　　B. 在建工程物资　　C. 受托加工材料　　D. 包装物

12. 存货采用先进先出法进行核算的企业，在物价持续上涨的情况下不会使企业（　　）。

A. 期末库存升高，当期损益增加　　B. 期末库存降低，当期损益减少

C. 期末库存升高，当期损益减少　　D. 期末库存降低，当期损益增加

13. 下列项目中，应计入材料采购成本的有（　　）。

A. 制造费用　　B. 进口关税　　C. 运输途中的合理损耗

D. 一般纳税人购入材料支付的可以抵扣的增值税

14. 企业对发出存货的实际成本进行确认的方法有（　　）。

A. 个别计价法　　B. 加权平均法　　C. 先进先出法　　D. 后进先出法

15. 下列各种物资中，应当作为企业存货核算的有（　　）。

A. 工程物资　　B. 低值易耗品

C. 委托加工物资　　D. 委托代销商品

16. 实际工作中，影响存货入账价值的主要因素有（　　）。

A. 自然灾害发生的直接材料、直接人工和制造费用

B. 为特定客户设计产品所发生的、可直接确定的设计费用

C. 采购过程中发生的运杂费

D. 存货采购入库后的储存费用（非生产阶段所必需）

17. 坏账损失的核销方法一般有（　　）两种。

A. 总价法　　B. 净价法　　C. 直接转销法　　D. 备抵法

18. 实际工作中，影响存货入账价值的主要因素有（　　）。

A. 自然灾害发生的直接材料、直接人工和制造费用

B. 为特定客户设计产品所发生的、可直接确定的设计费用

C. 采购过程中发生的运杂费

D. 存货采购入库后的储存费用（非生产阶段所必需）

19. 下列各项中，应计入固定资产入账价值的是（　　）。

A. 固定资产购入过程中发生的运杂费支出

B. 固定资产达到预定可使用状态前发生的借款利息（符合资本化条件）

C. 固定资产达到预定可使用状态后至竣工决算前发生的借款利息

D. 外购固定资产的安装费和专业人员服务费

20. 甲企业购入生产用设备并投入使用，价款400万元，进项税额68万元。甲企业以银行存款支付450万元，余款以商业承兑汇票承付。对于该项经济业务的会计处理，正确的有（　　）。

A. 借记“固定资产”科目468万元　　B. 借记“固定资产”科目400万元

C. 贷记“应付票据”科目18万元　　D. 贷记“银行存款”科目450万元

21. 企业确定固定资产使用寿命时，应当考虑的因素包括（　　）。

A. 预计生产能力　　B. 预计有形损耗

C. 预计无形损耗　　D. 法律或类似规定对资产使用寿命的限制

22. 计提固定资产折旧时，应借记“管理费用”核算的是（　　）。

A. 经营性租出的　　B. 管理费用使用的

C. 未使用，但应计提折旧的　　D. 销售部门使用的

23. 下列固定资产中应计提折旧的有（　　）。

A. 季节性停用的机器设备

B. 大修理停用的机器设备

C. 未使用的机器设备

D. 按规定单独估价作为固定资产入账的土地

24. 下列各项，影响固定资产折旧的因素有（　　）。

A. 预计净残值　　B. 原价

C. 已计提的减值准备　　D. 使用寿命

25. 企业计提固定资产折旧时，下列会计分录正确的有（　　）。

A. 计提行政管理部门固定资产折旧：借记“管理费用”科目，贷记“累计折旧”科目

B. 计提生产车间固定资产折旧：借记“制造费用”科目，贷记“累计折旧”科目

C. 计提专设销售机构固定资产折旧：借记“销售费用”科目，贷记“累计折旧”科目

D. 计提自建工程使用的固定资产折旧：借记“在建工程”科目，贷记“累计折旧”科目

26. 下列关于固定资产计提折旧的表述，正确的有（　　）。

A. 提前报废的固定资产不再补提折旧

B. 固定资产折旧方法一经确定不得改变

C. 已提足折旧但仍继续使用的固定资产不再计提折旧

D. 自行建造的固定资产应自办理竣工决算时开始计提折旧

27. 对于固定资产的折旧，下列说法正确的是（　　）。

A. 当月增加的固定资产，当月不计提折旧，从下月起计提折旧

B. 固定资产提足折旧后，不论能否继续使用，均不再计提折旧

C. 提前报废的固定资产，也不再补提折旧

D. 应计折旧额，是指应当计提折旧的固定资产的原价扣除其预计净残值后的金额

28. 固定资产的折旧方法有（　　）。

A. 年限平均法　　B. 工作量法

C. 双倍余额递减法　　D. 年数总和法

29. 下列各项中，影响固定资产清理净损益的有（　　）。

A. 清理固定资产发生的税费

B. 清理固定资产的变价收入

C. 清理固定资产的账面价值

D. 清理固定资产耗用的材料成本

30. 企业的固定资产存在下列迹象，表明可能发生了减值的是（　）。

A. 固定资产的市价当期大幅度下跌，其跌幅明显高于因时间的推移或正常使用而预计的下跌

B. 固定资产所处的市场在近期发生重大变化，且对企业产生不利影响

C. 固定资产大修理

D. 固定资产已经闲置不用

31. 企业固定资产满足下列条件之一时，应当予以终止确认的是（　　）。

A. 固定资产已发生多次修理

B. 固定资产处于处置状态

C. 固定资产因生产季节性停休

D. 固定资产预期通过使用或处置不能产生未来经济利益

32. 下列各项中，应当列入“资产负债表”中的“固定资产原价”的项目有（　　）。

A. 融资租入生产设备的原价　　B. 经营性租入设备的原价

C. 经营性租出设备的原价　　D. 转入清理的生产设备的原价

33. 结转盘亏的固定资产时，不能列入“营业外支出”核算的是（　　）。

A. 已提取的减值准备

B. 过失人赔偿部分

C. 已经提取的折旧

D. 固定资产原价扣除累计折旧、减值准备和赔偿后的差额

34. 某企业在财产清查中，发现短缺设备一台，账面原值30 000元，已计提折旧10 000元，在报经批准前企业应作会计分录的借方为（　　）。

A. “待处理财产损溢”30 000元

B. “营业外支出”20 000元

C. “累计折旧”10 000元

D. “待处理财产损溢”20 000元

35. 企业自营工程，领用购入的工程物资时，应（　　）。

A. 借记“在建工程”　　B. 贷记“工程物资”

C. 借记“固定资产”　　D. 贷记“在建工程”

36. 企业购入的固定资产，其入账价值应是买价加上与购置固定资产有关的（　　）。

A. 运输费　B. 安装费　C. 增值税　D. 包装费

37. 下列项目中，应当列入“资产负债表”中的“固定资产原价”的项目有（　　）。

A. 融资租入生产设备的原价

B. 经营性租入设备的原价

C. 经营性租出设备的原价

D. 转入清理的生产设备的原价

38. 结转盘亏的固定资产时，不能列入“营业外支出”核算的是（　　）。

A. 已提取的减值准备

B. 过失人赔偿部分

C. 已经提取的折旧

D. 固定资产原价扣除累计折旧、减值准备和赔偿后的差额

39. 在下列项目中，属于有期限的无形资产是（　　）。

A. 专利权　B. 商标权　C. 非专利技术　D. 土地使用权

40. 下列各项中，属于无形资产的有（　　）。

A. 期权　B. 专利权　C. 商标权　D. 土地使用权

41. 自行开发一项专利过程中，发生费用应计入其开发成本的有（　　）。

A. 专利研制费用　B. 专利开发费用

C. 律师费　D. 注册费

42. 无形资产出租，应通过（　　）账户核算。

A. 营业外收入　B. 其他业务收入

C. 营业外支出　D. 其他业务支出

43. 出租无形资产的成本包括（　　）。

A. 无形资产的取得成本

B. 出租无形资产取得的收入

C. 无形资产的摊销价值

D. 出租无形资产应交纳的税金

44. 企业将无形资产使用权转让后，出让方对该项无形资产仍然拥有的权利有（　　）。

A. 占有权　B. 处置权　C. 使用权　D. 收益权

45. 在会计实务中，自创专利权的成本包括（　　）。

A. 研究开发材料成本　B. 研究开发人工成本

C. 聘请律师费　D. 登记注册费

46. 下列各项中，企业不应确认为无形资产的有（　　）。

A. 吸收投资取得的土地使用权

B. 因转让土地使用权补交的土地出让金

C. 技术先进掌握生产诀窍而获得的商誉

D. 无偿划拨取得的土地使用权

47. 关于内部研究开发费用的确认和计量，下列说法中错误的有（　　）。

A. 企业研究阶段的支出应全部费用化，计入当期损益

B. 企业研究阶段的支出应全部资本化，计入无形资产成本

C. 企业开发阶段的支出应全部费用化，计入无形资产成本

D. 企业开发阶段的支出应全部资本化，计入当期损益

48. 甲公司2010年1月10日开始自行研究开发无形资产，12月31日达到预定用途。其中，研究阶段发生职工薪酬30万元、计提专用设备折旧40万元；进入开发阶段后，相关支出符合资本化条件前发生的职工薪酬30万元、计提专用设备折旧30万元，符合资本化条件后发生职工薪酬100万元、计提专用设备折旧200万元。假定不考虑其他因素，甲公司2010年对上述研发支出进行的下列会计处理中，错误的有（　　）。

A. 确认管理费用70万元，确认无形资产360万元

B. 确认管理费用30万元，确认无形资产400万元

C. 确认管理费用130万元，确认无形资产300万元

D. 确认管理费用100万元，确认无形资产330万元

49. 企业对使用寿命有限的无形资产进行摊销时，其摊销额应根据不同情况分别计入（　　）。

A. 管理费用　　B. 制造费用　　C. 财务费用　　D. 其他业务成本

50. 下列关于无形资产会计处理的表述中，正确的有（　　）。

A. 无形资产均应确定预计使用年限并分期摊销

B. 有偿取得的自用土地使用权应确认为无形资产

C. 内部研发项目开发阶段支出应全部确认为无形资产

D. 无形资产减值损失一经确认，在以后会计期间不得转回

51. 下列事项中，可能影响当期利润表中营业利润的有（　　）。

A. 计提无形资产减值准备

B. 新技术项目研究过程中发生的人工费用

C. 出租无形资产取得的租金收入

D. 接受其他单位捐赠的专利权

52. 关于投资性房地产的后续计量，下列说法中正确的有（　）。

A. 企业通常应当采用成本模式对投资性房地产进行后续计量

B. 企业可以采用公允价值模式对投资性房地产进行后续计量

C. 企业应当采用一种模式对投资性房地产进行后续计量，不得同时采用两种计量模式

D. 企业可以同时采用两种计量模式对投资性房地产进行后续计量

53. 下列项目中，属于投资性房地产的有（　）。

A. 已出租的建筑物

B. 已出租的土地使用权

C. 持有并准备增值后转让的土地使用权

D. 按照国家有关规定认定的闲置土地

54. 关于投资性房地产的后续计量，下列说法中正确的有（　）。

A. 企业通常应当采用成本模式对投资性房地产进行后续计量

B. 企业可以同时采用两种计量模式对投资性房地产进行后续计量

C. 企业应当采用一种模式对投资性房地产进行后续计量，不得同时采用两种计量模式

D. 企业可以采用公允价值模式对投资性房地产进行后续计量

55. 关于投资性房地产，下列说法中错误的有（　）。

A. 一项房地产，部分用于赚取租金或资本增值，部分用于生产商品、提供劳务或经营管理，即使用于赚取租金或资本增值的部分能够单独计量和出售的，也不可以确认为投资性房地产

B. 已出租的建筑物是指从租赁期开始日以经营租赁方式出租的建筑物，包括自行建造完成后用于出租的房地产

C. 用于出租的建筑物是指企业拥有产权的建筑物

D. 投资性房地产是指为赚取租金或资本增值、或者两者兼有而持有的房产、地产和机器设备等

56. 企业有确凿证据表明房地产用途发生改变，应当将投资性房地产转换为其他资产或者将其他资产转换为投资性房地产的有（　）。

A. 投资性房地产开始自用

B. 作为存货的房地产，改为出租

C. 自用建筑物停止自用，改为出租

D. 自用土地使用权停止自用，用于赚取租金或资本增值

57. 下列表述正确的有（ ）。

A. 按照国家有关规定认定的闲置土地不属于持有并准备增值后转让的土地使用权

B. 企业将某项房地产部分用于出租，部分用于自用，不能够区分出租部分和自用部分进行分别核算，企业应将该房地产整体确认为投资性房地产

C. 企业将某项房地产部分用于出租，部分用于自用，能够区分出租部分和自用部分并对两者分别进行核算，则企业可以将出租部分确认为投资性房地产

D. 企业将某项房地产整体对外经营出租，并负责提供日常维护、保安服务，企业应将其确认为投资性房地产

58. 以下关于投资性房地产的会计处理表述正确的有（ ）。

A. 投资性房地产按照成本进行初始计量

B. 满足投资性房地产确认条件的后续支出应当计入投资性房地产成本

C. 同一企业只能采用一种模式对所有投资性房地产进行后续计量

D. 以公允价值模式计量的投资性房地产，其公允价值与原账面价值之间的差额计入当期损益

59. 下列各项应该计入一般企业“其他业务收入”科目的有（ ）。

A. 出售投资性房地产的收入

B. 出租建筑物的租金收入

C. 出售自用房屋的收入

D. 将持有并准备增值后转让的土地使用权予以转让所取得的收入

三、判断题

1. 已完成销售手续、但购买方在当月尚未提取的产品，销售方仍应作为本企业库存商品。( )

2. 企业采用计划成本对材料进行日常核算，应按月分摊发出材料应负担的成本差异，不应在季末或年末一次计算分摊。( )

3. 企业采用计划成本核算原材料，平时收到原材料时应按实际成本借记“原材料”科目，领用或发出原材料时应按计划成本贷记“原材料”科目，期末再将发出材料和期末材料调整为实际成本。( )

4. 股份有限公司在财产清查时发现的存货盘亏、盘盈，应当于年末结账前处理完毕，如果确实尚未报经批准的，可先保留在“待处理财产损溢”科目中，待批准后再处理。( )

5. 某企业月初库存材料 60 件，每件为 1 000 元，月中又购进两批，一次 200 件，每件

950 元，另一次 100 件，每件 1 046 元，则月末该材料的加权平均单价为 985 元。(　　)

6. 某种酒类产品生产企业为使生产的酒达到规定的产品质量标准，而必须发生的仓储费用，应计入当期损益。(　　)

7. 购入材料在运输途中发生的合理损耗应计入管理费用。(　　)

8. 属于非常损失造成的存货毁损，应按该存货的实际成本计入营业外支出。(　　)

9. 存货计价方法的选择不仅影响着资产负债表中资产总额的多少，而且也影响利润表中的净利润。(　　)

10. 存货的购货价格是指已扣除现金折扣后的金额。(　　)

11. 一般纳税企业购进生产用材料时，按照税法的有关规定，可以按支付的外地运费的一定比例计算增值税进项税额，该运费的进项税额不应计入购进材料的采购成本。(　　)

12. 企业发出材料如采用先进先出法计价，在物价变动的情况下，可使发出材料的成本比较接近现时的成本水平。(　　)

13. 自制存货的实际成本由制造过程中发生的直接材料费、人工费和制造费用组成的。(　　)

14. 采用成本与可变现净值孰低法计价时，如果期末存货的成本低于可变现净值时，资产负债表中的存货仍按期末账面价值列示。(　　)

15. 当存货的可变现净值高于其实际成本时，应将原存货跌价准备中已有的金额全部冲减，但最多将存货跌价准备冲减至零为止。(　　)

16. 购入不需要安装的固定资产，按买价加上相关税费以及使用固定资产达到预定可使用状态前的其他支出作为价值，借记固定资产科目。(　　)

17. 按照实质重于形式的要求，企业融资租入的固定资产应视同自有固定资产核算。(　　)

18. 固定资产是指使用寿命超过一个会计年度的有形资产。(　　)

19. 企业以一笔款项购入多项没有单独标价的固定资产时，应按各项固定资产公允价值的比例对总成本进行分配，分别确定各项固定资产的成本。(　　)

20. 固定资产的各组成部分具有不同使用寿命、适用不同折旧率的，应当分别将各组成部分确认为单项固定资产。(　　)

21. 企业以经营租赁方式租入的固定资产发生的改良支出，应直接计入当期捐益。(　　)

22. 对于已达到预定可使用状态但尚未办理竣工决算的固定资产待办理竣工决算后，若实际成本与原暂估价值存在差异的，应调整已计提折旧。(　　)

23. 因进行大修理而停用的固定资产，应当照提折旧，计提的折旧应计入相关成本费用。(　　)

24. 固定资产提足折旧后，不论能否继续使用，均不再计提折旧。(　　)

25. 企业以经营租赁方式出租固定资产的折旧额计入其他业务成本。（ ）

26. 预计净残值，是指假定固定资产预计使用寿命已满并处于使用寿命终了时的预期状态，企业目前从该项资产处置中获得的金额。（ ）

27. 固定资产减值损失一经确认，在以后会计期间可以转回。（ ）

28. 固定资产使用寿命、预计净残值和折旧方法的改变应当作为会计政策变更。（ ）

29. 企业应当对单独计价入账的土地计提折旧。（ ）

30. 当月增加的固定资产，当月计提折旧，当月减少的固定资产，当月不计提折旧。（ ）

31. 企业出租固定资产取得的收入应确认为营业外收入。（ ）

32. 企业应当按月计提固定资产折旧，并根据用途分别计入相关资产的成本或当期费用。（ ）

33. 实行双倍余额递减法计提折旧的固定资产，应当在该固定资产折旧年限到期以前两年内，将该固定资产净值（扣除净残值）平均摊销。（ ）

34. 企业的一台生产设备在技术上已经被淘汰，不能为企业带来未来的经济利益，该设备不能再确认为企业资产，而应确认为一项资产损失。（ ）

35. 当固定资产已经或者将被闲置，终止使用或者计划提前处置时，表明该固定资产可能发生了减值。（ ）

36. 企业研究阶段发生的支出应全部费用化，计入当期损益。（ ）

37. 企业无法可靠区分研究阶段和开发阶段支出的，应将其所发生的研发支出全部资产化计入无形资产成本。（ ）

38. 专门用于生产某产品的无形资产，其所包含的经济利益通过所生产的产品实现的，该无形资产的摊销额应计入产品成本。（ ）

39. 某项无形资产的预计使用年限没有超过相关合同规定的受益年限或法律规定的有效年限的，该无形资产应当在其预计使用年限内分期摊销。（ ）

40. 不能够再为企业带来经济利益的无形资产，其摊余价值应当全部转入当期损益。（ ）

41. 无形资产是指没有实物形态的资产。（ ）

42. 企业一旦拥有某项无形资产，就可作为无形资产入账。（ ）

43. 无形资产的价值必须和有形资产结合起来才能存在。（ ）

44. 无形资产一般按法定使用年限摊销，无法定年限，按不小于10年的期限摊销。（ ）

45. 企业接受无形资产投资时，应按评估价值或合同协议价入账。（ ）

46. 某项无形资产被其他新技术替代而无法给企业带来任何价值时，应核销其摊余价值。(　　)

47. 开办费是指企业在筹建期间发生的所有支出。(　　)

48. 自创的商誉都要按期估价入账。(　　)

49. 广告的目的在于维持、提高商标的价值，广告费用应计入商标权成本。(　　)

50. 对于使用寿命不确定的无形资产期末不需要摊销。(　　)

51. 企业以支付土地出让金方式取得的土地使用权，应在土地正式开发时计入在建工程成本。(　　)

52. 某企业 2012 年 3 至 6 月由于研发某无形资产发生了 20 万元的研发支出，其中研究支出 6 万元，开发支出 14 万元；开发成功后按法律程序申请时发生的注册费为 10 万元，律师费用 5 万元，该企业应确认的无形资产为 29 万元。(　　)

53. 企业应在无形资产预计使用寿命内采用系统合理的方法对应摊销金额进行摊销。(　　)

54. 无形资产的可收回金额根据无形资产的公允价值减去处置费用后的净额与无形资产预计未来现金流量现值两者之间较低者确定。(　　)

55. 使用寿命有限的无形资产，应在其预计的使用寿命内采用系统合理的方法对其应摊销金额进行摊销，应摊销金额为其成本扣除预计净残值后的金额；已计提减值准备的，应摊销金额不应扣除已计提减值准备累计金额。(　　)

56. 若对投资性房地产采用公允价值模式进行后续计量，期末应对该投资性房地产计提减值准备。(　　)

57. 期末企业将投资性房地产的账面余额单独列示在资产负债表上。(　　)

58. 企业以融资租赁方式出租建筑物是作为投资性房地产进行核算的。(　　)

59. 企业不论在成本模式下，还是在公允价值模式下，投资性房地产取得的租金收入，均确认为其他业务收入。(　　)

60. 企业采用公允价值模式进行后续计量的，不对投资性房地产计提折旧或进行摊销，应当以资产负债表日投资性房地产的公允价值为基础调整其账面价值，公允价值与原账面价值之间的差额计入其他业务成本或其他业务收入。(　　)

61. 在以成本模式计量的情况下，将作为存货的房地产转换为投资性房地产的，应按其在转换日的账面余额，借记“投资性房地产”科目，贷记“开发产品”等科目。(　　)

62. 自用房地产或存货转换为采用公允价值模式计量的投资性房地产时，投资性房地产应当按照转换当日的公允价值计量，公允价值与原账面价值的差额计入当期损益（公允价值变动损益）。(　　)

63. 企业出售投资性房地产或者发生投资性房地产毁损，应当将处置收入扣除其账面价值和相关税费后的金额直接计入到所有者权益。(　　)

四、财产物资岗位技能训练

1. 某厂为增值税一般纳税人，原材料按实际成本计价核算。该企业2012年8月份发生经济业务如下：

(1) 8月1日，将上月末已收料尚未付款的暂估入账甲材料用红字冲回，金额为37 500元。

(2) 8月7日，上月已付款的在途甲材料已验收入库，甲材料成本为25 000元。

(3) 8月9日，向A企业购入甲材料，买价50 000元，增值税额8 500元，该企业已代垫运费750元（准予扣除进项税额52. 50元）。企业签发并承兑一张票面金额为59 250元、5个月期的商业汇票结算材料款项，材料已验收入库。

(4) 8月10日，按照合同规定，向B企业预付材料40 000元，已开出转账支票支付。

(5) 8月12日，向C企业购买乙材料，材料买价为15 000元，增值税税额为2 550元，款项17 550元已通过托收承付结算方式支付，材料已验收入库。

(6) 8月16日，向D企业购买甲材料500千克，买价为60 000元，增值税税额为10 200元，该企业已代垫运杂费1 000元（其中500元为运费，准予扣除进项税额35元）。货款共71 200元已用银行本票存款支付，材料尚未收到。

(7) 8月22日，向D企业购买的甲材料运达，验收入库475千克，短缺25千克，原因待查。

(8) 8月24日，用预付货款方式向B企业采购的乙材料已验收入库，有关的发票单据列明材料价款35 000元，增值税税额5 950元。即开出一张转账支票补付货款950元。

(9) 8月27日，甲材料短缺25千克的原因已查明，是D企业少发货所致，D企业已同意退款，但款项尚未收到。

(10) 8月29日，向A企业购买甲材料，材料已验收入库，结算单据等仍未到达，按暂估价30 000元入账。

(11) 8月31日，根据发料凭证汇总表，本月基本生产车间领用产品生产用原材料211 500元，车间一般性消耗领用40 250元，厂部管理部门领用39 300元，在建工程领用26 150元。

要求：根据以上经济业务编制会计分录。

2. 某工业企业为增值税一般纳税企业，材料按计划成本计价核算。甲材料计划单位成本为每千克10元。该企业2010年4月份有关资料如下：

(1) “原材料”账户月初余额40 000元，“材料成本差异”账户月初借方余额500元。

(2) 4月5日，企业发出100千克甲材料委托A公司加工成新的物资（注：发出材料时应计算确定其实际成本）。

（3）4 月 15 日，从外地 A 公司购入甲材料 6 000 千克，增值税专用发票注明的材料价款为 61 000 元，增值税额 10 370 元，企业已用银行存款支付上述款项，材料尚未到达。

（4）4 月 20 日，从 A 公司购入的甲材料到达，验收入库时发现短缺 20 千克，经查明为途中定额内自然损耗。按实收数量验收入库。

（5）4 月 30 日，汇总本月发料凭证，本月共发出甲材料 5 000 千克，全部用于产品生产。

要求：根据上述业务编制相关的会计分录，并计算本月材料成本差异率、本月发出材料应负担的成本差异及月末库存材料的实际成本。

3. 资料：安达公司为了适应市场发展的需要，决定缩减部分老产品的生产，创出一些新品牌产品。产品的品种发生了变化，其所耗原材料的结构也随之变化。企业的原材料品种由原来比较单一的情况，增加到现在十几个品种，材料收发也频繁起来。原先会计部门对材料的核算采用实际成本核算法，产品耗用材料品种增加后，财务部门没有改变材料的核算方法，感到工作强度一下子增加了很多，导致有时核算资料滞后，总经理对会计部门的工作很不满意。财务经理召集有关部门商讨解决办法。财务部门主管提出要改变材料的核算方法，转而采用计划成本法核算原材料。大家对这个建议表示赞同。于是，财务经理让财务部主管一周内拿出原材料按计划成本核算的方案。财务部主管发动大家共同完成这一任务，将工作分工如下：

（1）李娜写出原材料按计划成本核算的前提条件以及该方法的优缺点。

（2）王波制定该方法会计科目的实施方案及业务流程图。

（3）方海设计一套业务。

一周后三个人提交了设计方案。其中，方海设计的一套业务如下：

安达公司为增值税一般纳税人，增值税率为 17%（假设不考虑其他税费），材料按计划成本核算。材料按类别计算材料成本差异，A 类材料包括甲、乙两种（其他类别略），甲材料计划单位成本为每千克 100 元，乙材料计划单位成本为每千克 85 元。按每笔业务结转入库材料的计划成本，入库材料的成本差异于月末一次结转。发出材料按每笔业务结转材料的计划成本及应负担的材料成本差异计。该公司 A 类材料的月初余额为 350 000 元（计划成本），A 类材料的材料成本差异额月初余额 6 024 元（贷方余额）。该公司本月发生如下业务：

（1）5 日，从外地采购甲材料 16 000 千克，增值税专用发票上注明的材料价款为 1 690 000元，销货方代垫运杂费 2 000 元，材料尚未运到。根据货款、增值税额及代垫运杂费金额，签发为期三个月的商业承兑汇票一张。

（2）10 日，本月 5 日从外地购入的甲材料已运到，验收时实际数量为 15 920 千克，经查实短缺的 80 千克材料为定额内自然损耗。

(3) 15 日，从本市购入乙材料 8 080 千克，增值税专用发票上注明的材料价款为 646 400元，企业已用银行存款支付材料价款及增值税，材料已验收入库。

(4) 18 日，从外地购入乙材料 2 500 千克，增值税专用发票上注明的材料价款为 220 000元，材料尚未运到，货款及增值税已通过银行汇出。

(5) 20 日，企业从外地购入甲材料 500 千克，材料已验收入库，但发票等单据尚未收到，货款未付。

(6) 31 日，本月 20 日购入并已验收入库的材料，发票等单据仍未收到。

(7) 结转本月入库材料的材料成本差异。

(8) 本月基本生产车间生产产品耗用甲材料 14 000 千克，车间一般耗用乙材料 200 千克，管理部门耗用乙材料 800 千克。

(9) 本月在建工程领用乙材料 2 000 千克，应由在建工程负担的增值税，按材料实际成本和规定的增值税率 17% 计算。

(10) 本月销售甲材料 3 000 千克，每千克售价 120 元（不含应向购买者收取的增值税），销售价款及收取的增值税已收到并存入银行。

(11) 本月用甲材料 2 000 千克向中星公司投资，双方协商投资额按材料的实际成本作价。计税价格为材料的实际成本，增值税率为 17%。

要求：

(1) 产品耗用材料品种增加后，财务部门没有改变材料的核算方法，感到工作强度一下增加很多，有时候核算资料滞后，其原因是什么？

(2) 你认为王波需要设置几个会计科目，其结构是什么？

(3) 按照方海设计的经济业务，请你完成下列工作：

①计算 A 类材料本月材料成本差异率。

②编制有关的会计分录（“应交税费”科目应列出明细科目及专栏）。

③计算甲材料月末库存材料的实际成本和期末资产负债表中甲类材料应计入“存货”项目中的金额。

④比较原材料两种计价方法的优缺点。

4. 甲公司对机器设备采用双倍余额递减法计提折旧。2009 年 12 月 20 日，甲公司购入一台不需要安装的机器设备，价款 117 000 元，增值税 19 890 元，另支付保险费 2 000 元，包装费 1 000 元，款项均以银行存款支付。该设备即日起投入基本生产车间使用，预计可使用 5 年，预计净残值为 5 000 元，假定不考虑固定资产减值因素。

要求：

(1) 编制甲公司购入设备时的会计分录。

（2）分别计算甲公司2010年度至2013年度每年的折旧额。

（3）编制甲公司2010年年末计提折旧时的会计分录（假定折旧每年年末计提一次）。

5. 甲企业为增值税一般纳税人。2012年1月，甲企业因生产需要，决定用自营方式建造一间材料仓库。相关资料如下：

（1）2012年1月5日，购入工程用专项物资20万元，增值税额为3.4万元，该批专项物资已验收入库，款项用银行存款付讫。

（2）领用上述专项物资，用于建造仓库。

（3）领用本单位生产的水泥一批用于工程建设，该批水泥成本为2万元，税务部门核定的计税价格为3万元，增值税税率为17%。

（4）领用本单位外购原材料一批用于工程建设，原材料实际成本为1万元，应负担的增值税额为0.17万元。

（5）2012年1月至3月，应付工程人员工资2万元，用银行存款支付其他费用0.92万元。

（6）2012年3月31日，该仓库达到预定可使用状态，估计可使用20年，估计净残值为2万元，采用直线法计提折旧。

（7）2012年12月31日，该仓库突遭火灾焚毁，残料估计价值5万元，验收入库，用银行存款支付清理费用2万元。经保险公司核定的应赔偿损失7万元，尚未收到赔款。甲企业确认了该仓库的毁损损失。

要求：

（1）计算该仓库的入账价值。

（2）计算2012年度该仓库应计提的折旧额。

（3）编制甲企业2012年度与上述业务相关的会计分录。

（4）编制甲企业2012年12月31日清理该仓库的会计分录。

（“应交税费”科目要求写出明细科目和专栏名称，答案中的金额单位用万元表示）

6. 甲上市公司自行研究开发一项专利技术，与该项专利技术有关的资料如下：

（1）2012年1月，该项研发活动进入开发阶段，以银行存款支付开发费用280万元，其中满足资本化条件的为150万元。2012年7月1日，开发活动结束，并按法律程序申请取得专利权，供企业行政管理部门使用。

（2）该项专利权法律规定有效期为5年，采用直线法摊销。

（3）2012年12月1日，将该项专利权转让，实际取得价款160万元，应交营业税8万元，款项已存入银行。

要求：

（1）编制甲上市公司发生开发支出的会计分录。

（2）编制甲上市公司转销费用化开发支出的会计分录。

（3）编制甲上市公司形成专利权的会计分录。

（4）计算甲上市公司2012年7月专利权摊销金额并编制会计分录。

（5）编制甲上市公司转让专利权的会计分录。

（会计分录涉及的科目要求写出明细科目，答案中的金额单位用万元表示）。

7. 甲公司投资性房地产采用成本模式计量，某项投资性房地产发生如下相关业务：

（1）甲公司于2009年11月16日跟乙公司签订经营租赁合同，约定甲公司出资购买某栋写字楼，自购买日起出租给乙公司，租赁期为4年。11月30日，甲公司以银行存款购入该栋写字楼，支付价款6 890万元，相关税费310万元。

（2）该栋写字楼预计使用年限为30年，预计无残值，甲公司采取平均年限法计提折旧。

（3）该写字楼年租金为300万元，每月末结算一次。

（4）2009年12月31日，该栋写字楼发生减值迹象，经减值测试，确定其可收回金额为7 000.5万元。

（5）2010年6月5日，乙公司通知甲公司，将于月底搬迁办公室。6月30日，乙公司搬迁完毕，并支付当月租金。甲公司决定该栋写字楼暂时自己使用。

（6）2011年7月1日，甲公司与丙公司签订经营租赁合同，约定自当日起将该栋写字楼出租给丙公司。

（7）2012年9月3日，甲公司将该栋写字楼出售给丁公司，其与丙公司的经营租赁合同也做相应变更。出售所得价款6 700万元，应计提营业税335万元，以转账支票支付其他费用30万元。

要求：根据上述发生的经济业务进行相应的会计处理。

8. 甲公司投资性房地产采用公允模式计量，某项投资性房地产发生如下相关业务：

（1）2011年9月2日，甲公司所在地房地产市场已比较成熟，开始能够持续取得投资性房地产的公允价值，因此将该栋写字楼开始采用公允价值模式计量。当日，该栋写字楼公允价值为7 030万元。甲公司按净利润的10%计提盈余公积。

（2）2011年12月31日，该栋写字楼公允价值为7 050万元。

（3）2012年6月30日，该栋写字楼公允价值为6 800万元。

（4）2012年9月3日，甲公司将该栋写字楼出售给丁公司，其与丙公司的经营租赁合同也做相应变更。出售所得价款6 700万元，应计提营业税335万元，以转账支票支付其他费用30万元。

要求：根据上述发生的经济业务进行相应的会计处理。

成本岗位核算

【学习目标】

1. 掌握：成本核算的原则和一般程序，基本生产成本核算、制造费用核算、生产成本在完工产品与在产品之间分配和产品成本计算的具体内容和核算方法。

2. 理解：成本、费用和损失的含义。

【学习重点与难点】

（一）成本的概念

企业在一定生产周期（一般为月度）生产产品所消耗的原材料、燃料、动力、工作薪酬及其他生产性支出称为生产费用，而为生产一定种类和数量的产品所消耗费用的总和就是产品的成本。成本费用的核算，就是对生产费用的归集、分配和产品成本构成的核算。

（二）生产费用的归集和分配

成本的归集，是指通过一定的方式进行成本数据的收集或汇总。成本的分配，是指将归集的间接成本分配给成本对象的过程。费用分配的基本原理如表 4－1 所示。

表4－1

被分配对象	分配方法
材料费用	分配率＝$\frac{材料实际总消耗量（或实际成本）}{各种产品材料定额消耗量（或定额成本）之和}$ $\frac{某产品应分配的}{材料数量（费用）}$＝$\frac{该种产品的材料定额消}{耗量（或定额成本）}$×分配率
人工费用	分配率＝生产工人工资总额÷各种产品实用工时之和 某种产品应分配的工资费用＝该种产品实用工时×分配率
制造费用	制造费用分配率＝制造费用总额÷各种产品实用（定额、机器）工时之和 某产品应负担的制造费用＝该种产品实用工时数×分配率

（三）辅助生产费用的归集和分配

辅助生产提供的产品和劳务，主要是为基本生产车间和管理部门使用和服务的，但在某些辅助生产车间之间也有相互提供产品和劳务的情况。

辅助生产费用的分配方法主要有：直接分配法、交互分配法、按计划成本分配法。

1. 直接分配法

直接分配法是指在各辅助生产车间发生的费用，直接分配给辅助生产车间以外的各受益单位，辅助生产车间之间相互提供的产品和劳务，不相互分配费用。分配的计算公式为：

$$某种辅助生产费用分配率=\frac{该辅助生产车间费用总额}{基本生产车间和其他部门耗用劳务（或产品）产量}$$

$$\frac{某车间、部门（或产品）}{应分配的辅助生产用费}=\frac{该车间、部门（或产品）}{耗用劳务（或产品）总量}\times\frac{辅助生产费}{用分配率}$$

2. 交互分配法

交互分配法，是指对各辅助生产车间的成本费用进行两次分配。在具体操作中，可以分为两个步骤：

（1）交互分配，根据各辅助生产车间相互提供的产品或劳务的数量和交互分配前的单位成本（费用分配率），在各辅助生产车间之间进行一次交互分配。

（2）对外分配，将各辅助生产车间交互分配后的实际费用（交互分配前的成本费用＋交互分配转入的成本费用－交互分配转出的成本费用），再按提供产品或劳务的数量和交互分配后的单位成本（费用分配率），在辅助生产车间以外的各受益单位进行分配。

采用交互分配法，辅助生产内部相互提供产品或劳务全都进行了交互分配，从而提高了分配结果的正确性。但各辅助生产费用要计算两个单位成本（费用分配率），进行两次分配，因而增加了计算工作量。

3. 计划成本分配法

计划成本分配法是指先按各受益车间实际耗用劳务数量，乘以预先规定的各劳务计划单位成本进行一次分配；再计算出实际费用（包括辅助生产内部交互分配转入的费用）与按计划单位成本分配转出的费用之间的差额，采用简化计算方法全部计入管理费用。

（四）完工产品和在产品的成本分配

月末如果既有完工产品又有在产品，产品成本明细账中归集的月初在产品生产成本与本月发生的生产费用之和，则应当在完工产品与月末在产品之间，采用适当的分配方法进行分配，以计算完工产品和月末在产品的成本。

“月初在产品成本”、“本月发生生产费用”是已知的，根据不同的“月末在产品成本”核算的角度，就可以得到不同的“本月完工产品成本”计算方法。

1. 在产品数量的核算

在产品数量是核算在产品成本的基础，在产品成本与完工产品成本之和就是产品的生产费用总额。

为确定在产品结存的数量，企业需要做好两方面工作：一是在产品收发结存的日常核算；二是做好产品的清查工作。

2. 完工产品与在产品之间费用的分配

（1）不计算在产品成本法。产品每月发生的成本，全部由完工产品负担，其每月发生的成本之和即为每月完工产品成本。这种方法适用于月末在产品数量很小的产品。

（2）在产品按固定成本计价法。各月末在产品的成本固定不变。这种方法适用于月末在产品数量较多，但各月变化不大的产品或月末在产品数量很小的产品。

（3）在产品按所耗直接材料成本计价法。月末在产品只计算其所耗直接材料成本，不计算直接人工等加工成本。这种方法适用于各月月末在产品数量较多、各月在产品数量变化也较大，直接材料成本在生产成本中所占比重较大且材料在生产开始时一次就全部投入的产品。

（4）约当产量比例法。应将月末在产品数量按照完工程度折算为相当于完工产品的产量，即约当产量，然后按照完工产品产量与月末在产品约当产量的比例分配计算完工产品成本和月末在产品成本。这种方法适用于月末在产品数量较多，各月在产品数量变化也较大，且生产成本中直接材料成本和直接人工等加工成本的比重相差不大的产品。其计算公式如下：

$$在产品约当产量 = 在产品数量 \times 完工程度$$

$$单位成本 = \frac{(月初在产品成本 + 本月发生生产成本)}{(完工产品产量 + 在产品约当产量)}$$

$$完工产品成本 = 完工产品产量 \times 单位成本$$

$$在产品成本 = 在产品约当产量 \times 单位成本$$

习题

一、单项选择题

1. 费用按经济内容不同所作的分类，称为（　　）。
A. 成本项目　B. 产品成本　C. 期间费用　D. 生产费用要素

2. 几种产品共同耗用的费用，应采取的处理方法是（　　）。
A. 直接计入某种产品的成本中
B. 采用适当的方法在几种产品中进行分配
C. 直接记入当期损益
D. 直接计入主要产品的成本

3. 材料采用实际成本计价核算时一般应具备的条件是（　　）。
A. 企业规模较小且材料品种规格较多
B. 企业规模较小且材料品种规格较少
C. 企业规模较大且材料品种规模较多
D. 企业规模较大且材料品种规模较少

4. 企业生产车间一般消耗的材料费用，应记入的会计科目是（　　）。
A. 生产成本　B. 制造费用
C. 管理费用　D. 营业费用

5. 当材料费用的多少与产品的重量有直接联系时，材料费用的分配方法是（　　）。
A. 定额耗用量比例分配法　B. 产品重量比例法
C. 产品产量比例分配法　D. 产品材料定额成本比例法

6. 采用定额耗用量比例分配法分配材料费用时，材料费用分配率的分母是（　　）。
A. 材料费用总额　B. 某种材料费用
C. 各种材料定额耗用量之和　D. 某种材料定额耗用量

7. 对于生产车间一般耗用的材料，应计入的会计科目是（　　）。
A. “生产成本”　B. “管理费用”
C. “制造费用”　D. “营业费用”

8. 企业分配材料费用时应编制（　　）。
A. 限额领料单　B. 材料费用分配表
C. 材料领用汇总表　D. 材料消耗量汇总表

9. 某企业本月份生产甲、乙两种产品，共发生生产工人工资 196 900 元，其中甲产品生产工时为 30 000 小时，乙产品生产工时为 10 000 小时，根据生产工时比例分配工资费用时，甲产品应分配的工资费用为（　　）元。

A. 147 675　　B. 49 225 元　　C. 158 460 元　　D. 48 326 元

10. 对于生产车间生产工人的工资，应于期末时，采用（　　）法计入到“生产成本”科目中。

A. 生产工时　　B. 产品所耗材料费用

C. 生产工人的人数　　D. 管理人员的工资。

11. 对于福利部门人员提取的福利费，于期末时计入的会计科目是（　　）。

A. 生产成本　　B. 制造费用

C. 管理费用　　D. 应付职工薪酬

12. 在下列各种分配方法当中，属于辅助生产费用分配方法的是（　　）。

A. 约当产量法　　B. 按计划成本分配法

C. 按定额成本分配法　　D. 生产工时比例分配法

13. 在辅助生产费用各种分配方法当中，最为准确的一种方法是（　　）。

A. 直接分配法　　B. 一次交互分配法

C. 代数分配法　　D. 计划成本分配法

14. 采用直接分配法分配辅助生产费用时，各辅助生产车间费用分配率计算公式中的分母数应是（　　）。

A. 该辅助生产车间向基本生产车间提供的劳务总量

B. 该辅助生产车间向行政管理部门提供的劳务总量

C. 该辅助生产车间提供的劳务总量

D. 该辅助生产车间向基本生产车间和行政管理部门提供的劳务总量。

15. 采用计划成本分配法分配辅助生产费用时，辅助生产费用分配表中辅助生产实际成本（　　）。

A. 是正确的实际成本

B. 不是“纯粹”的实际成本

C. 是正确的计划成本

D. 是辅助生产车间本身的费用，不包括上一步骤转入的费用

16. 某企业生产产品经过 2 道工序，各工序的工时定额分别为 30 小时和 40 小时，则第二道工序在产品的完工率为（　　）。

A. 68%　　B. 69%

C. 70%　　D. 71%

17. 在辅助生产费用的各种分配方法当中，最简便的方法是（　　）。

A. 顺序分配法　　B. 直接分配法

C. 交互分配法　　D. 代数分配法

18. 采用约当产量法计算完工产品和在产品成本时，若原材料不是在开始生产时一次投入的，而是随生产进度陆续投入，但在每工序是一次投入的，原材料消耗定额第一工序为30千克，第二工序为60千克，则第二工序在产品的完工率为（　　）。

A. 67%　　B. 33%

C. 100%　　D. 97%

19. 采用约当产量法计算在产品成本时，影响在产品成本准确性的关键因素是（　　）。

A. 在产品的数量　　B. 在产品的完工程度

C. 完工产品的数量　　D. 废品的数量

20. 下列各项支出中，应列入“制造费用”科目中的项目是（　　）。

A. 生产车间的固定资产折旧费

B. 厂部管理部门的固定资产折旧

C. 生产车间生产工人的工资

D. 厂部管理部门管理人员的工资

21. 当制造费用采用按年度计划分配率分配法时，年末时“制造费用”科目的借方余额属于（　　）。

A. 待摊费用　　B. 预提费用

C. 长期待摊费用　　D. 生产成本

22. 下列属于制造费用分配方法的是（　　）。

A. 约当产量法　　B. 定额比例法

C. 分步法　　D. 生产工人工时比例法

23. “制造费用”科目的贷方登记（　　）。

A. 发生的制造费用　　B. 分配的制造费用

C. 应转入的制造费用　　D. 生产领用低值易耗品的摊销

24. 基本生产车间固定资产的折旧费应计入的会计科目是（　　）。

A. 生产成本　　B. 管理费用

C. 制造费用　　D. 销售费用

25. 下列不应计入基本生产车间“制造费用”科目的项目是（　　）。

A. 生产产品领用的材料　　B. 低值易耗品的摊销价值

C. 车间分摊的保险费　　D. 车间固定资产的折旧费

26. 某企业本月份发生固定资产的修理费用共50 000元，固定资产的修理期间为18个月，则该项固定资产的修理费用，应先计入的科目是（　　）。

A. 管理费用　　B. 预提费用　　C. 长期待摊费用　　D. 当期制造费用

27. 基本生产车间主任的工资，按规定应计入（　　）。

A. 管理费用　　B. 制造费用　　C. 生产成本　　D. 销售费用

28. 在企业的组织机构分为车间、分厂和总厂进行成本核算时，分厂发生的管理费用应计入（　　）。

A. 管理费用　　B. 制造费用　　C. 生产成本　　D. 销售费用

29. “制造费用”科目借方登记（　　）。

A. 生产车间为生产产品所发生的各项费用

B. 生产车间为管理而发生的各项费用

C. 工程施工发生的各项费用

D. 管理部门发生的各种费用

30. 产成品入库后，由于管理不当等原因造成的损失，应计入（　　）。

A. 管理费用　　B. 销售费用　　C. 生产成本　　D. 营业外支出

二、多项选择题

1. 下列属于生产费用要素的项目是（　　）。

A. 外购材料　　B. 外购燃料　　C. 工资

D. 制造费用　　E. 折旧

2. 要素费用的分配原则是（　　）。

A. 所有费用全部直接记入　　B. 所有费用全部分配记入

C. 直接费用直接记入　　D. 间接费用分配记入

E. 制造费用分配记入

3. 材料费用的核算包括（　　）。

A. 材料的购入　　B. 材料费用的归集　　C. 材料费用的分配

D. 材料费的结存　　E. 材料费用的计价

4. 下列属于计算发出材料实际费用方法的是（　　）。

A. 先进先出法　　B. 后进先出法　　C. 加权平均法

D. 交互分配法　　E. 约当产量法

5. 下列属于材料费用分配方法的是（　　）。

A. 定额耗用量比例分配法　　B. 产品重量比例法

C. 产品产量比例分配法　　D. 产品材料定额成本比例法

E. 约当产量法

6. 企业发出材料时所作的会计分录应借记的科目有（ ）。

A. 生产成本 B. 管理费用 C. 制造费用

D. 其他业务支出 E. 本年利润

7. 企业材料按计划成本计价时，分配材料费用时应做的会计分录涉及贷方的会计科目有（ ）。

A. 原材料 B. 在途材料 C. 材料成本差异

D. 材料采购 E. 自制材料

8. 在进行工资费用的分配时，对于列入“管理费用”科目中提取的福利费应包括（ ）。

A. 基本生产车间管理人员提取的福利费

B. 辅助生产车间管理人员提取的福利费

C. 行政管理部门管理人员提取的福利费

D. 福利部门人员提取的福利费

E. 专设销售机构人员提取的福利费。

9. 对于列入“生产成本”科目中的工资包括（ ）。

A. 基本生产车间生产工人的工资 B. 基本生产车间管理人员的工资

C. 辅助生产车间生产工人的工资 D. 辅助生产车间管理人员的工资

E. 厂部管理人员工资

10. 在下列情况中，辅助生产车间的制造费用可以不通过“制造费用”科目核算的有（ ）。

A. 车间的规模很大 B. 车间的规模很小 C. 制造费用很多

D. 制造费用很少 E. 车间不生产商品产品

11. 在进行辅助生产费用分配时，应将分配出去的辅助生产费用从“辅助生产成本”科目和所属的明细账中转入（ ）。

A. 生产成本 B. 管理费用 C. 制造费用

D. 在建工程 E. 预提费用

12. 制造费用一般包括（ ）。

A. 间接用于产品生产的费用

B. 车间用于组织和管理生产的费用

C. 生产产品用的材料费用

D. 生产工人的工资

E. 应分摊的企业管理费

13. 下列可用为制造费用分配方法的是（ ）。

A. 生产工人工时比例法 B. 生产工人工资比例法

C. 生产中直接材料费用的比例法　　D. 机器工时比例法
E. 约当产量法

14. 下列各项支出中，属于“制造费用”科目核算的内容是（　）。
A. 生产车间固定资产折旧费　　B. 生产车间固定资产修理费
C. 生产车间生产工人的工资　　D. 生产车间管理人员的工资
E. 生产车间办公费

15. 下列不应计入到“制造费用”科目的项目是（　）。
A. 直接用于产品生产的材料费
B. 直接生产产品的生产工人的工资
C. 固定资产修理费
D. 生产车间固定资产折旧费
E. 生产车间管理人员工资

16. “库存商品”科目的结构是（　）。
A. 借方登记入库产品的成本　　B. 借方登记发出产品的成本
C. 贷方登记收入商品的成本　　D. 贷方登记发出商品的成本

三、判断题

1. “折旧费用”属于生产费用按其经济内容划分的要素费用。（　）
2. 按费用要素反映的生产费用和按成本项目反映的产品成本相同。（　）
3. “直接工资”属于费用要素。（　）
4. 对于多种产品共同耗用的材料费用，选择分配标准时，应尽量采用复合标准，不要采用单一标准。（　）
5. 对于直接用于生产各种产品的材料，如果数量较少，金额较小，可直接计入“制造费用”科目。（　）
6. 几种产品耗用几种材料时，材料费用的分配可采用定额耗用量比例分配法。（　）
7. 采用定额耗用量比例法分配材料费用时，必须计算出材料的实际耗用量。（　）
8. 分配材料费用时对于生产车间领用的材料，应全部计入“生产成本”科目中。（　）
9. 材料按计划成本计价核算结转材料成本差异时，所作的会计分录借记“生产成本”等科目，贷记“材料成本差异”科目。（　）
10. 在生产一种产品的车间，其生产工人的工资和管理人员的工资不必进行分配，可直接计入到该产品的成本当中。（　）
11. 对于生产多种产品的车间，其生产工人的工资不能直接计入该产品的成本计算当

中，而应采用工时的比例在各种产品当中进行分配。(　　)

12. 对于辅助生产车间发生的费用，都应在“生产成本——辅助生产成本”科目中进行核算。(　　)

13. 辅助生产车间发生的费用，都应于月末时作借记“生产成本——基本生产成本”等科目，贷记“生产成本——辅助生产成本”科目。(　　)

14. 制造费用一般是间接计入费用。(　　)

15. “制造费用”科目期末一定没有余额。(　　)

16. 辅助生产车间不需设置“制造费用”科目。(　　)

17. “制造费用”科目的期末余额若在借方属于待摊费用，在贷方属于预提费用。(　　)

18. 生产车间固定资产计提的折旧费应列入该车间的“生产成本”科目中。(　　)

19. 在只生产一种产品的车间、部门，也需采用一定的方法，将本车间所发生的制造费用在各种产品当中进行分配。(　　)

四、成本岗位技能训练

某企业设有一个基本生产车间，大量生产甲、乙产品，其生产工艺过程属于单步骤生产，另设有机修车间为企业提供修理服务，设企业2012年10月份有关成本计算资料如下：

1. 在产品资料

10月初甲产品在产品成本中直接材料为20 000元，直接人工为9 000元，制造费用为2 000元，乙产品系当月投产，无期初在产品。

2. 本月发生的生产费用：

（1）材料费用：基本生产车间领用材料11 500元，其中甲产品耗用6 000元，乙产品耗用5 000元，车间一般性耗用500元；机修车间领用材料1 000元。

（2）工资及福利费：生产车间生产工人工资及福利费15 000元，车间管理人员工资及福利费为500元，机修车间人员工资及福利费为1 000元，管理部门人员工资及福利费为1 000元。

（3）其他费用：

①计提固定资产折旧费：其中生产车间折旧费为600元，机修车间折旧费400元，管理部门折旧费200元。

②以银行存款支付生产车间水电费400元，办公费200元。

3. 其他资料及有关费用分配规定

(1) 生产车间共同费用按生产工时比例在甲、乙产品之间分配；甲产品本月实际耗用工时2 000小时，乙产品耗用工时3 000小时。

(2) 该厂规定，辅助车间的制造费用不通过“制造费用”账户核算，辅助生产费用采用直接分配法，其提供劳务工时2 000小时，其中：基本生产车间工具修理1 500小时，管理部门500小时。

(3) 甲产品当月无完工产品，乙产品当月全部完工，完工数量为500件。

要求：根据上述资料编制各种生产费用汇总表和分配表（分配率保留两位小数），并登记有关成本明细账（见表4-2至表4-11）。

表4-2 材料费用分配表

年 月

应借账户		成本或费用项目	金额
基本生产成本	甲产品	直接材料	
	乙产品	直接材料	
	小计		
制造费用		机物料消耗	
辅助生产成本		材料费	
合计			

表4-3 人工费用分配表

年 月

应借账户		生产工人			其他人员	合计
		实际工时	分配率	分配金额		
基本生产成本	甲产品					
	乙产品					
	小计					
辅助生产成本						
制造费用						
管理费用						
合计						

表4-4 固定资产折旧计算表

年 月

应借账户 / 费用项目	制造费用	辅助生产成本	管理费用	合计
	基本生产车间	辅助生产车间	管理部门	
折旧费				

表4-5 其他费用分配汇总表

年 月

应借账户 / 应贷账户	制造费用		合计
	办公费	水电费	
银行存款			

表4-6 辅助生产成本明细账

车间名称：机修车间

年		摘要	项目费用						
月	日		材料费	人工费	办公费	水电费	折旧费	其他	合计
略	略	材料费用分配							
		人工费用分配							
		折旧费用分配							
		辅助生产费用合计							
		分配转出							

表4-7 辅助生产费用分配表

年 月

辅助生产车间名称			机修车间	合计
待分配费用				
供应劳务量（工时）				
单位成本（分配率）				
基本车间	应借“制造费用”账户	耗用数量		
		分配金额		
企业管理部门	应借“管理费用”账户	耗用数量		
		分配金额		

表 4－8　制造费用明细账

车间名称：基本生产车间

日期	摘要	机物料消耗	人工费	折旧费	水电费	办公费	其他	合计
略	材料费用分配							
	人工费用分配							
	折旧费用分配							
	其他费用分配							
	辅助生产费用分配							
	制造费用合计							
	分配转出							

表 4－9　制造费用分配表

年　月

应借账户		成本项目	实用工时	分配率	应分配金额
基本生产成本	甲产品	制造费用			
	乙产品	制造费用			
	合计				

表 4－10　基本生产成本明细账

车间名称：基本车间　　产品名称：甲产品　　完工数量：

年		凭证		摘　要	直接材料	直接人工	制造费用	合计
月	日	种类	号数					
		略	略	期初在产品成本				
				材料费用分配				
				人工费用分配				
				制造费用分配				
				生产费用合计				

表 4－11　基本生产成本明细账

车间名称：基本车间　　产品名称：乙产品　　完工数量：500

年		凭证		摘　要	直接材料	直接人工	制造费用	合计
月	日	种类	号数					
		略	略	材料费用分配				
				人工费用分配				
				制造费用分配				
				生产费用合计				
				结转完工产品成本				
				单位成本				

财务成果岗位核算

【学习目标】

1. 掌握：营业收入和营业费用的确认标准和会计核算规则。
2. 理解：营业收入、营业费用和直接计入当期利润的利得、损失的含义。

【学习重点与难点】

（一）费用项目的核算内容及会计处理

1. 主营业务成本

主营业务成本指企业确认销售商品、提供劳务等主营业务收入时应结转的成本。

（1）结转主营业务成本时。

借：主营业务成本

　　贷：库存商品

　　　　劳务成本

（2）期末。

借：本年利润

　　贷：主营业务成本

2. 其他业务成本

其他成本是企业确认的除主营业务活动以外的其他经营活动所发生的成本。包括销售材料的成本、出租固定资产的折旧额、出租无形资产的摊销额、出租包装物的成本或摊销额。

(1) 企业发生或结转的其他业务成本。

借：其他业务成本

贷：原材料（或周转材料或累计折旧或累计摊销或银行存款）

(2) 期末。

借：本年利润

贷：其他业务成本

3. 营业税金及附加

营业税金及附加是企业经营活动应负担的相关税费，包括营业税、消费税、城市维护建设税、资源税和教育费附加。

(1) 按规定计算确定相关的价内税。

借：营业税金及附加

贷：应交税费

(2) 期末。

借：本年利润

贷：营业税金及附加

4. 销售费用

销售费用是企业在销售商品或提供劳务过程中发生的各种费用。包括销售人员的工资薪酬、商品维修费、运输费、装卸费、包装费、保险费、广告费、业务宣传费、展览费等费用。

小企业（批发业、零售业）在购买商品过程中发生的费用（包括运输费、装卸费、包装费、保险费、运输途中的合理损耗和入库前的挑选整理费等）也构成销售费用。

(1) 发生各项销售费用时。

借：销售费用

贷：银行存款（或库存现金或应付职工薪酬或累计折旧）

(2) 期末。

借：本年利润

贷：销售费用

5. 管理费用

管理费用是企业为组织和管理生产经营发生的其他费用。包括小企业在筹建期间内发生的开办费、行政管理部门发生的费用（固定资产折旧费、修理费、办公费、水电费、差旅费、管理人员的职工薪酬等)、业务招待费、研究费用、技术转让费、相关长期待摊费用摊销、财产保险费、聘请中介机构费、咨询费(含顾问费)、诉讼费等费用,以及房产税、车船使用税、土地使用税、印花税、矿产资源补偿费、企业生产车间(部门)和行政管理部门等发生的固定资产修理费用等后续支出。

(1) 发生各项管理费用时。

借:管理费用

　　贷:银行存款(或应付职工薪酬或累计折旧或应交税费或研发支出或其他应收款等)

(2) 期末。

借:本年利润

　　贷:管理费用

6. 财务费用

财务费用是企业为筹集生产经营所需资金等而发生的筹资费用,如利息支出减利息收入、汇兑差额及相关的手续费、企业发生或收到的现金折扣等。

(1) 发生财务费用时。

借:财务费用

　　贷:银行存款(或应收账款等)

(2) 期末。

借:本年利润

　　贷:财务费用

(二) 销售商品收入

1. 商品销售收入的确认条件

(1) 企业已将商品所有权上的主要风险和报酬转移给购货方。

(2) 企业既没有保留通常与所有权相联系的继续管理权,也没有对已售出的商品实施控制。

(3) 收入的金额能够可靠地计量。

(4) 与交易相关的经济利益能够流入企业。

(5) 相关的成本能够可靠地计量。

2. 销售商品收入具体核算（见表5-1）

表5-1

<table>
<tr><th>收入类型</th><th>企业会计准则</th></tr>
<tr><td>一般销售商品</td><td>借：应收账款
　　贷：主营业务收入
　　　　应交税费——应交增值税（销项税额）
借：主营业务成本
　　贷：库存商品</td></tr>
<tr><td>托收承付方式</td><td>(1) 风险报酬转移
借：应收账款
　　贷：主营业务收入
　　　　应交税费——应交增值税（销项税额）
借：主营业务成本
　　贷：库存商品
(2) 风险报酬未转移
借：发出商品
　　贷：库存商品</td></tr>
<tr><td>预收款方式</td><td>(1) 收货款时
借：银行存款
　　贷：预收账款
(2) 收到剩余货款并发出商品时
借：预收账款
　　银行存款
　　贷：主营业务收入
　　　　应交税费——应交增值税（销项税额）
借：主营业务成本
　　贷：库存商品</td></tr>
<tr><td>支付手续费方式委托代销</td><td>(1) 发出商品时
借：发出商品
　　贷：库存商品
(2) 收到代销清单时
借：应收账款
　　贷：主营业务收入
　　　　应交税费——应交增值税（销项税额）
借：主营业务成本
　　贷：发出商品
借：销售费用
　　贷：应收账款</td></tr>
</table>

续表

收入类型	企业会计准则
视同买断方式委托代销	(1) 如果委托方和受托方之间的协议明确标明，受托方在取得代销商品后，无论是否能够卖出、是否获利，均与委托方无关，那么，委托方和受托方之间的代销商品交易，与委托方直接销售商品给受托方没有实质区别，在符合销售商品收入确认条件时，委托方应确认相关销售商品收入 (2) 如果委托方和受托方之间的协议明确标明，将来受托方没有将商品售出时可以将商品退回给委托方，或受托方因代销商品出现亏损时可以要求委托方补偿，那么，委托方在交付商品时通常不确认收入，受托方也不作购进商品处理，受托方将商品销售后，按实际售价确认销售收入，并向委托方开具代销清单，委托方收到代销清单时，再确认本企业的销售收入
具有融资性质的分期收款销售商品	符合收入确认条件时，企业应当按照应收的合同或协议价款的公允价值确定收入金额。应收的合同或协议价款与其公允价值之间的差额，应当在合同或协议期间内，按照应收款项的摊余成本和实际利率计算确定的金额进行摊销，作为财务费用的抵减处理
销售材料	借：银行存款 　　贷：其他业务收入 　　　　应交税费——应交增值税（销项税额） 借：其他业务成本 　　贷：原材料

(1) 商业折扣。企业为促进商品销售而在商品标价上给予的价格扣除。企业销售商品涉及商业折扣的，应当按照扣除商业折扣后的金额确定销售商品收入金额。

(2) 现金折扣。企业销售商品涉及现金折扣的，应当按照扣除现金折扣前的金额确定销售商品收入金额。现金折扣在实际时计入当期财务费用。

①在折扣期内收款：

借：银行存款

　　财务费用（现金折扣）

　　贷：应收账款

②超过折扣期收款：

借：银行存款

　　贷：应收账款

(3) 销售折让。企业因销售商品的质量不合格等原因而在售价上给予的减让。在确认销售收入之后发生时，冲减当期销售收入，如按规定允许扣减当期销项税额，用红字冲销。

借：主营业务收入

贷：应收账款（或银行存款）

应交税费——应交增值税（销项税额）

如果发生销售折让时，企业尚未确认销售商品收入的，则应在确认销售商品收入时直接按扣除销售折让后的金额确认。

(4) 销售退回。企业售出的商品由于质量、品种不符合要求等原因而发生的销售退回，应分不同情况进行会计处理：

①尚未确认销售商品收入的售出商品发生销售退回的，将已计入“发出商品”科目的商品成本金额转入“库存商品”科目即可。

借：库存商品

贷：发出商品

②已确认销售商品收入的售出商品发生销售退回的，除属于资产负债表日后事项外，一般应在发生时，冲减当期销售商品收入，同时冲减当期销售商品成本。例如，该项销售退回已发生现金折扣的，应同时调整相关财务费用的金额。

借：主营业务收入

应交税费——应交增值税（销项税额）

贷：银行存款（应收账款）

同时，借：库存商品

贷：主营业务成本

3. 销售材料等存货的会计处理

(1) 设置的账户。

①“其他业务收入”。核算企业除主营业务活动以外的其他经营活动实现的收入，包括销售材料、出租包装物和商品、出租固定资产、出租无形资产等实现的收入。

②“其他业务成本”。核算企业除主营业务活动以外的其他经营活动实现的成本，包括销售材料的成本、出租固定资产的折旧额、出租无形资产的摊销额、出租包装物的成本或摊销额。

(2) 销售材料的会计处理。

借：银行存款

贷：其他业务收入

应交税费——应交增值税（销项税额）

借：其他业务成本

贷：原材料

（三）提供劳务收入

1. 劳务收入的确认

（1）对于在同一会计年度内开始并完成的劳务，应在劳务完成时确认收入。收入准则规定采用完成合同法确认收入。

（2）对于开始和完成分属于不同会计年度的劳务，应在资产负债表日，视提供劳务的结果是否能够可靠估计，应按完工百分比法确认收入。

2. 提供劳务收入的会计处理

（1）一次就能完成的劳务，企业应在提供劳务完成时，作以下会计分录：

借：应收账款（或银行存款）

　　贷：主营业务收入（或其他业务收入）

借：主营业务成本（或其他业务成本）

　　贷：银行存款

（2）持续一段时间但在同一会计期间内开始并完成的劳务，有关费用发生时，作以下会计分录：

借：劳务成本

　　贷：银行存款等

确认所提供劳务的收入并结转成本。

借：应收账款（或银行存款）

　　贷：主营业务收入

借：主营业务成本

　　贷：劳务成本

（3）跨年度的劳务收入。

若在资产负债表日（12.31），本期已提供的劳务结果能够可靠估计，则可按完工百分比法确认本期的收入和费用。

计算方法如下：

本年末止劳务的完成程度＝已经发生的成本÷估计总成本×%

本年应确认的收入＝劳务总收入×本年末止劳务的完成程度－以前年度确认的收入

本年应确认的费用＝劳务总成本×本年末止劳务的完成程度－以前年度确认的费用

会计处理：

A. 预收部分劳务款时

借：银行存款

　　贷：预收账款——接受劳务单位

B. 实际发生劳务成本时

借：劳务成本——××劳务

　　贷：银行存款等

C. 年末确认劳务收入时

借：预收账款——接受劳务单位

　　贷：其他业务收入（或主营业务收入）

D. 年末确认劳务成本时

借：其他业务成本（或主营业务成本）

　　贷：劳务成本——××劳务

（四）让渡资产使用权收入

让渡资产使用权主要包括：转让无形资产、出租固定资产取得的租金、进行债权投资收取的利息、进行股权投资取得的现金股利。

（1）确认让渡资产使用权的使用费收入。

借：银行存款（或应收账款）

　　贷：其他业务收入

（2）对所让渡资产计提摊销以及所发生的与让渡资产使用权有关的支出等。

借：其他业务成本

　　贷：累计摊销

（五）利润的含义及计算

利润是指企业在一定会计期间的经营成果．利润包括收入减去费用后的净额、直接计入当期利润的利得和损失等。

利润＝营业收入－营业费用＋（计入当期利润的利得－计入当期利润的损失）

1. 营业外收支

（1）营业外收入，如变卖固定资产、无形资产出售利得、盘盈利得、获得捐赠、确实无法支付的应付款项、取得罚款收入、非货币性资产交换利得、债务重组利得等。

①企业发生营业外收入时：

借：固定资产清理（或银行存款、库存现金、应付账款等）

　　贷：营业外收入

②期末：

借：营业外收入

　　贷：本年利润

（2）营业外支出，如固定资产处置损失、无形资产处置损失、罚款支出、资产盘亏损失、捐赠支出、非常损失等。

①企业发生营业外支出时：

借：营业外支出

贷：固定资产清理（或待处理财产损溢、库存现金、银行存款等）

②期末：

借：本年利润

贷：营业外支出

2. 所得税费用

（1）所得税费用的计算。

所得税费用包括当期所得税费用和递延所得税费用两个部分。

当期所得税费用 = 应纳税所得额 × 当期适用税率

应纳税所得额 = 税前会计利润 + 纳税调整增加额 − 纳税调整减少额

式中，纳税调整增加额指税法规定允许扣除项目中，企业已计入当期费用但超过税法规定扣除标准的金额，如超过税法规定标准的广告费、业务招待费支出等；二是企业已计入当期损失但税法规定不允许扣除项目的金额，如税收滞纳金、罚款、罚金等。

纳税调整减少额：指按税法规定允许弥补的亏损和准予免税的项目，如前五年内的未弥补亏损和国债利息收入等。

递延所得税费用 =（期末递延所得税负债 − 期初递延所得税负债）−（期末递延所得税资产 − 期初递延所税资产）

所得税费用 = 当期所得税费用 +（或 −）递延所得税费用

（2）所得税费用的会计处理。

①计算应交所得税。

借：所得税费用

贷：应交税费——应交所得税

计算递延所得税

借：所得税费用

递延所得税资产

贷：递延所得税负债

②上交所得税。

借：应交税费——应交所得税

贷：银行存款

③结转所得税费用。

借：本年利润

　　贷：所得税费用

3. 本年利润

（1）本年利润结转的方法。

会计期末本年利润结转的方法有表结法和账结法两种。

（2）结转本年利润的会计处理。

①会计期末将损益收入类账户转入“本年利润”账户贷方：

借：主营业务收入

　　其他业务收入

　　营业外收入

　　投资收益

　　公允价值变动损益

　　贷：本年利润

②会计期末将损益支出类账户转入“本年利润”账户借方：

借：本年利润

　　贷：主营业务成本

　　　　营业税金及附加

　　　　管理费用

　　　　销售费用

　　　　财务费用

　　　　其他业务成本

　　　　资产减值损失

　　　　营业外支出

　　　　所得税费用

（3）年末结转“本年利润”科目的本年累计余额。

①结转本年净利润：

借：本年利润

　　贷：利润分配——未分配利润

②结转本年亏损：

借：利润分配——未分配利润

　　贷：本年利润

一、单项选择题

1. 下列各项，不属于期间费用的是（　　）。

A. 制造费用　　B. 销售费用　　C. 管理费用　　D. 财务费用

2. 下列各项中，不应计入销售费用的是（　　）。

A. 预计产品质量保证损失　　B. 商品维修费

C. 随同商品出售而不单独计价的包装物成本

D. 随同商品出售且单独计价的包装物成本

3. 下列各项中，应计入管理费用的是（　　）。

A. 筹建期间的开办费　　B. 包装费

C. 生产车间管理人员工资　　D. 专设销售机构的人员工资

4. 下列项目中，应计入财务费用的是（　　）。

A. 筹集生产经营所需资金等而发生的筹资费用

B. 为购建或生产满足资本化条件的资产发生的应予资本化的借款费用

C. 企业生产车间的固定资产修理费用

D. 企业行政管理部门的固定资产修理费用

5. 下列各项中，计入销售费用的是（　　）。

A. 销售商品发生的商业折扣

B. 出租包装物因不能使用而报废的残料价值

C. 企业专设销售机构的固定资产修理费用

D. 企业处置某房屋缴纳的营业税

6. 企业生产车间的固定资产修理费用应记入（　　）账户。

A. 管理费用　　B. 制造费用　　C. 主营业务成本　　D. 生产成本

7. 某企业2009年3月份发生的费用有：计提车间用固定资产折旧10万元，发生车间管理人员工资40万元，车间发生修理费20万元，销售机构发生修理费10万元，支付广告费用40万元，预提短期借款利息30万元。则该企业当期的期间费用总额为（　　）万元。

A. 90　　B. 100　　C. 130　　D. 140

8. 根据现行会计制度的规定，下列各项中不计入管理费用的是（　　）。

A. 支付的劳动保险费　　B. 发生的业务招待费

C. 违反销售合同支付的罚款　　D. 低值易耗品摊销

9. 超过所得税税前抵扣限额的业务招待费应计入（　　）。

A. 管理费用　　B. 销售费用　　C. 财务费用　　D. 营业外支出

10. 下列各项税金确认时，一定影响营业利润金额计算的是（　　）。

A. 营业税　　B. 企业所得税

C. 土地使用税　　D. 企业代扣代缴的个人所得税

11. 某企业 2009 年 3 月份发生的费用有：计提车间用固定资产折旧 10 万元，发生车间管理人员工资 40 万元，支付广告费用 30 万元，预提短期借款利息 40 万元，支付矿产资源补偿费 10 万元，支付排污费 20 万元。则该企业当期的期间费用总额为（　　）万元。

A. 50　　B. 80　　C. 100　　D. 110

12. 下列各项中，应计入其他业务成本的是（　　）。

A. 库存商品盘亏净损失　　B. 经营租出固定资产折旧

C. 向灾区捐赠的商品成本　　D. 火灾导致原材料毁损净损失

13. 下列各项中，不属于费用的是（　　）。

A. 主营业务成本　　B. 其他业务成本　　C. 财务费用　　D. 营业外支出

14. 国债利息收入应该计入的损益类账户是（　　）。

A. 财务费用　　B. 营业外收入　　C. 管理费用　　D. 投资收益

15. 下列各项中不属于费用的是（　　）。

A. 销售材料发生的成本　　B. 企业支付的房产税

C. 企业发生的现金折扣　　D. 因违约支付的赔偿款

16. 下列收益中属于利得的是（　　）。

A. 商品销售收入　　B. 修理劳务收入

C. 固定资产处置收益　　D. 固定资产出租收入

17. 下列项目中，属于工业企业其他业务收入的是（　　）。

A. 罚款收入　　B. 出售固定资产收入

C. 材料销售收入　　D. 出售无形资产收入

18. 下列情况中，可确认销售收入的事项有（　　）。

A. 与甲公司签订了购销合同　　B. 收到甲公司预付的货款

C. 按合同向甲公司发出商品　　D. 办妥向甲公司托收货款手续

19. 向乙公司销售商品一批，在增值税专用发票上注明“2/10；1/20；n/30”字样，表明这笔销售业务中（　　）。

A. 存在现金折扣　　B. 存在商业折扣

C. 存在销售折让　　D. 存在商业回扣

20. 向丙公司销售商品一批，计货款100 000元，增值税17 000元，在增值税专用发票上注明“2/10；1/20；n/30”字样，如果在商品销售后的第10天收到丙公司支付的款项，则公司收到的款项金额是（　　）。

A. 117 000元　　B. 115 000元　　C. 116 000元　　D. 114 660元

21. 预收款业务不多的企业，可将发生的预收账款业务并入（　　）账户核算。

A. 应收账款　　B. 应付账款　　C. 其他应收款　　D. 预付账款

22. 某企业2009年10月承接一项设备安装劳务，劳务合同总收入为200万元，预计合同总成本为140万元，合同价款在签订合同时已收取，采用完工百分比法确认劳务收入。2009年已确认劳务收入80万元，截至2010年12月31日，该劳务的累计完工进度为60%。2010年该企业应确认的劳务收入为（　　）万元。

A. 36　　B. 40　　C. 72　　D. 120

23. 对于在合同中规定了买方有权退货条款的销售，如无法合理确定退货的可能性，则符合商品销售收入确认条件的时点是（　　）。

A. 买方正式接受商品或退货期满时

B. 收到大部分货款时

C. 签订合同时

D. 发出商品时

24. 下列各项，可采用完工百分比法确认收入的是（　　）。

A. 分期收款销售商品

B. 委托代销商品

C. 在同一会计年度开始并完成的劳务且在资产负债表日能对该项交易的结果作出可靠估计

D. 跨越一个会计年度才能完成的劳务且在资产负债表日能对该项交易的结果作出可靠估计

25. 委托方采用收取手续费的方式代销商品，受托方在商品销售后应按（　　）确认收入。

A. 商品售价　　B. 收取的手续费

C. 销售价款和手续费之和　　D. 销售价款和增值税之和

26. 下列各项中，不应在利润表“营业收入”项目列示的是（　　）。

A. 固定资产出租收入　　B. 设备安装劳务收入

C. 无形资产使用费收入　　D. 政府补助收入

27. 某企业2011年12月主营业务收入为100万元，主营业务成本为80万元，管理费用为5万元，资产减值损失为2万元，投资收益为20万元，营业外收入为1万元。假定不考虑其他因素，该企业当月的营业利润为（　　）万元。

A. 13　　B. 15　　C. 33　　D. 34

28. 某企业实现利润95万元，其中包括国债利息收入10万元，税收滞纳金10万元，超标准的业务招待费5万元。该企业的所得税税率为25%。假设不存在递延所得税，则计算的本期所得税费用为（　　）万元。

A. 25　　B. 25.25　　C. 22.25　　D. 28.5

29. 下列各项，不影响企业营业利润的是（　　）。

A. 计提的工会经费　　B. 发生的业务招待费

C. 收到退回的所得税　　D. 处置投资取得的净收益

30. 甲企业2011年全年税前利润为690 000元，其中，取得国库券投资的利息为30 000元，其他公司债券投资利息为70 000元，从子公司取得现金股利10 000元，所得税税率为25%。若无其他纳税调整项目，则2011年该企业的净利润为（　　）元。

A. 532 500　　B. 511 500　　C. 525 000　　D. 545 000

31. 下列交易或事项，不应确认为营业外支出的是（　　）。

A. 非常损失　　B. 无形资产出售净损失

C. 固定资产盘亏损失　　D. 固定资产减值损失

32. 甲公司2011年11月5日支付价款2 000万元购入乙公司30%的股份，准备长期持有，另支付相关税费10万元，购入时乙公司可辨认净资产公允价值为12 000万元。甲公司取得投资后对乙公司具有重大影响。假定不考虑其他因素，甲公司因确认投资而影响利润的金额为（　　）万元。

A. -10　　B. 0　　C. 1 590　　D. 1 600

33. 某企业于2011年9月接受一项产品安装任务，安装期5个月，合同总收入50万元，年度预收款项18万元，余款在安装完成时收回，预计总成本为40万元。2011年末请专业测量师测量，产品安装程度为70%。该项劳务影响2011年利润总额为（　　）万元。

A. 3　　B. 7　　C. 18　　D. 10

34. 某企业2011年度利润总额为315万元，其中国债利息收入为25万元，实际分配并发放工资80万元，行政罚款支出10万元。假定该企业无其他纳税调整项目，适用的所得税税率为25%。该企业2011年应交所得税为（　　）万元。

A. 82　　B. 85　　C. 75　　D. 171

35. 某企业2011年度的利润总额为1 000万元，其中本年收到的国库券利息收入10万元，业务招待费超标10万元，假定该企业无其他纳税调整项目，企业所得税税率为25%。该企业2011年应交所得税为（　　）万元。

A. 300　　B. 250　　C. 252.5　　D. 247.5

36. 某企业2011年10月主营业务收入为500万元，主营业务成本为300万元，管理费用为30万元，资产减值损失为5万元，投资收益为15万元，营业外收入8万元，营业外支出6万元。假定不考虑其他因素，该企业当月的营业利润为（　　）万元。

A. 182　　B. 180　　C. 170　　D. 200

37. 甲企业于2010年7月1日以40 000元的价格购入一项摊销期限为4年的专利权。2011年7月1日，甲企业将其转让，取得转让收入60 000元，交纳营业税3 000元。则转让该项专利权应计入“营业外收入”的金额为（　　）元。

A. 17 000　　B. 20 000　　C. 27 000　　D. 30 000

38. 某企业2011年8月份因雷击造成火灾，共计损失150万元，其中：流动资产损失100万元；固定资产损失50万元。企业收到保险公司的赔偿款120万元，其中，流动资产保险赔偿款80万元，固定资产保险赔偿款40万元。企业由于这次火灾损失而应计入营业外支出的金额为（　　）万元。

A. 150　　B. 120　　C. 60　　D. 30

39. 某企业2011年应交所得税为100万元；递延所得税资产年初余额为20万元，年末余额为25万元；递延所得税负债年初余额为15万元，年末余额为30万元。假定递延所得税发生额只影响所得税费用。则该企业2011年的所得税费用为（　　）万元。

A. 100　　B. 110　　C. 90　　D. 105

40. 下列原材料购进的损失项目中，应计入营业外支出的是（　　）。

A. 供货单位少发货引起的原材料盘亏

B. 原材料运输途中发生的合理损耗

C. 自然灾害造成的原材料净损失

D. 属于运输单位的责任造成的原材料净损失

二、多项选择题

1. 下列各项，属于期间费用的有（　　）。

A. 董事会费　　B. 利息支出

C. 销售人员福利费　　D. 季节性停工损失

2. 下列各项中，应列入利润表“营业成本”项目的有（　　）。

A. 销售材料的成本　　B. 无形资产处置净损失

C. 销售商品的成本　　D. 经营出租固定资产折旧费

3. 下列各项中，不应计入管理费用的有（　　）。

A. 总部大型办公设备折旧

B. 生产设备改良支出

C. 经营租出专用设备的修理费

D. 经营租入专用设备的修理费

4. 下列各项费用，应通过“管理费用”科目核算的有（ ）。

A. 业务招待费 B. 研究费用

C. 开发费用 D. 日常经营活动聘请中介机构费

5. 企业发生的下列费用中，应计入管理费用的有（ ）。

A. 生产车间设备修理费 B. 坏账准备

C. 矿产资源补偿费 D. 研究与开发费

6. 下列各项中，应通过“财务费用”科目核算的有（ ）。

A. 企业发行股票支付的手续费

B. 企业收到的银行存款利息收入

C. 企业购买商品时取得的现金折扣

D. 企业销售商品时发生的现金折扣

7. 下列各项中，不应确认为财务费用的有（ ）。

A. 企业筹建期间的借款费用

B. 企业生产经营借款的利息支出

C. 销售商品发生的商业折扣

D. 企业发生的汇兑损益

8. 企业发生的下列各项利息支出，可能计入财务费用的有（ ）。

A. 应付债券的利息

B. 票据贴现的利息

C. 带息应付票据的利息

D. 筹建期间的长期借款利息

9. 下列费用中不应计入产品成本的有（ ）。

A. 直接材料 B. 企业行政管理部门设备折旧费用

C. 排污费 D. 企业生产车间的设备折旧费用

10. 下列各项中，不可能计入财务费用的有（ ）。

A. 银行承兑汇票的手续费 B. 排污费

C. 印花税 D. 购货单位享受的现金折扣

11. 下列各项中，应在发生时直接确认为期间费用的有（ ）。

A. 管理人员福利费支出 B. 诉讼费

C. 固定资产安装工人工资支出

D. 专设销售机构的职工福利费支出

12. 下列税金中应计入管理费用的是（ ）。

A. 消费税 B. 土地使用税

C. 车船税　　　D. 耕地占用税

13. 下列各项中，应将其计入财务费用的有（　　）。

A. 流动资金借款手续费　　　B. 给予购货方的现金折扣

C. 给予购货方的商业折扣　　D. 计提的带息应付票据利息

14. 下列各项属于企业费用的是（　　）。

A. 其他业务成本　　　B. 主营业务成本

C. 长期待摊费用　　　D. 营业税金及附加

15. 下列各项中，应通过“管理费用”科目核算的有（　　）。

A. 审计费　　　B. 房产税

C. 咨询费　　　D. 行政管理部门物料消耗

16. 收入的特点是（　　）。

A. 收入产生于企业的日常活动

B. 其表现形式是增加资产、减少负债或两者兼而有之

C. 收入能导致企业的所有者权益增加

D. 收入仅包括本企业的经济利益的流入

E. 收入包括企业的所有款项的收入

17. 甲公司将一批商品按 9 折的价格销售给乙公司，在发票上注明了“2/10；n/30”的字样，乙公司在付款前提出，商品质量尚有问题，要求将价款再给予 3% 的折让。在该项销售业务中，存在（　　）。

A. 商业折扣　　　B. 商业回扣　　　C. 现金折扣

D. 现金折让　　　E. 销售折让

18. 判断劳务交易结果能否可靠计量的条件是（　　）。

A. 合同总收入和总成本能够可靠估计

B. 总成本支付比例能够可靠估计

C. 与交易相关的经济利益能流入企业

D. 劳务的完成程度能可靠估计

E. 已完成部分的劳务收入已经收到

19. 下列各项收入中，属于其他业务收入的有（　　）。

A. 出售材料的收入　　　B. 随同商品出售的包装物收入

C. 转让专利所有权的收入　　D. 固定资产清理的收入

E. 转让无形资产使用权收入

20. 下列各项收入中，应计入工业企业其他业务收入的有（　　）。
   A. 提供运输劳务所取得的收入
   B. 提供加工装配劳务所取得的收入
   C. 转让无形资产使用权所取得的收入
   D. 销售商品产生的收入
21. 下列项目中，不应计入其他业务收入的是（　　）。
   A. 罚款收入
   B. 出售固定资产收入
   C. 出租无形资产取得的收入
   D. 出售无形资产收入
22. 按我国企业会计准则规定，下列项目中不应确认为收入的有（　　）。
   A. 销售商品收取的增值税
   B. 出售飞机票时代收的保险费
   C. 旅行社代客户购买景点门票收取的款项
   D. 销售商品代垫的运杂费
23. 企业在确定提供劳务交易的完工进度时，可选用的方法有（　　）。
   A. 已完工作的测量
   B. 已经提供的劳务占应提供劳务总量的比例
   C. 已收到的款项占合同总价款的比例
   D. 已经发生的成本占估计总成本的比例
24. 下列各科目中，能够反映已经发出但尚未确认销售收入的商品成本的有（　　）。
   A. 生产成本　　B. 委托代销商品　　C. 发出商品　　D. 库存商品
25. 下列关于商业折扣、现金折扣、销售折让，说法正确的有（　　）。
   A. 企业销售商品涉及商业折扣的，应当按照扣除商业折扣后的金额确定销售商品收入金额
   B. 企业销售商品涉及现金折扣的，债权人应当按照扣除现金折扣前的金额确认销售商品收入金额
   C. 当销售折让发生在确认销售收入之前，应在确认销售收入时直接按扣除销售折让后的金额确认
   D. 当已确认销售收入的售出商品发生销售折让，且不属于资产负债表日后事项的，应在发生时冲减当期销售商品收入和销售成本
26. 下列各项中，影响企业营业利润的有（　　）。
   A. 处置无形资产净收益　　B. 转入无形资产使用权取得的收入
   C. 处置固定资产净收益　　D. 经营租出固定资产的折旧额

27. 下列各项，影响当期利润表中利润总额的有（ ）。

A. 固定资产盘亏　　B. 确认所得税费用

C. 对外捐赠固定资产　　D. 无形资产出售利得

28. 下列各项中，需要调增企业应纳税所得额的项目有（ ）。

A. 银行罚息　　B. 已计入损益的税收滞纳金

C. 超标的工会经费支出　　D. 采购合同违约罚款

29. 下列错误的会计事项，只影响营业利润而不影响利润总额的有（ ）。

A. 将投资收益错登为公允价值变动损益

B. 将罚款支出错登为管理费用

C. 将存货自然损耗错登为营业外支出

D. 将出售原材料的成本错登为主营业务成本

30. 某企业2011年利润总额是100万元，本年的行政罚款支出是5万元，合同罚款支出3万元，国债利息收入是10万元，超过税法规定扣除标准的公益性捐赠支出是5万元，所得税税率是25%，不存在其他纳税调整事项，下列说法中正确的有（ ）。

A. 企业2011年应交所得税金额是25万元

B. 企业2011年所得税费用金额是25万元

C. 企业2011年净利润金额是75万元

D. 企业2011年应该纳税调增的金额是10万元

31. 下列各项中，不应确认为营业外收入的有（ ）。

A. 存货盘盈　　B. 无法查明原因的现金溢余

C. 固定资产盘盈　　D. 交易性金融资产期末公允价值增加

32. 下列各项中，应计入营业外支出的有（ ）。

A. 无形资产处置损失　　B. 长期股权投资处置损失

C. 固定资产清理损失　　D. 劳务合同违约罚款损失

33. 下列各项中，会计核算和税法规定不一致，需要进行纳税调整的有（ ）。

A. 超标的业务招待费　　B. 国债利息收入

C. 公司债券的利息收入　　D. 贷款合同违约罚款

34. 下列各项中，作为当期营业利润抵减的项目的有（ ）。

A. 诉讼费　　B. 消费税　　C. 增值税　　D. 公益性捐赠支出

35. 下列各项中，影响利润表“所得税费用”项目金额的有（ ）。

A. 当期应交所得税　　B. 递延所得税资产

C. 递延所得税负债　　D. 代扣代交的个人所得税

36. 下列各项中，年度终了需要转入“利润分配——未分配利润”科目的有（　　）。

A. 本年利润

B. 利润分配——应付现金股利

C. 利润分配——盈余公积补亏

D. 利润分配——提取法定盈余公积

37. 下列项目中，使本期所得税费用增加的有（　　）。

A. 本期应交所得税

B. 本期递延所得税资产增加额

C. 本期递延所得税负债增加额

D. 本期递延所得税负债减少额

38. 下列交易或事项，（　　）属于纳税调整增加项目。

A. 实际发生的超过税法规定标准的广告费费支出

B. 税收滞纳金

C. 排污罚款支出

D. 国债利息收入

39. 下列各项中，应结转至“本年利润”贷方的有（　　）。

A. 其他业务收入　　B. 营业外收入

C. 营业税金及附加　　D. 利润分配——未分配利润

40. 下列会计科目中年末结转后应无余额的有（　　）。

A. 资产减值损失　　B. 营业外收入

C. 本年利润　　D. 利润分配——未分配利润

三、判断题

1. 有经济利益流出企业，则说明一定产生了费用。（　　）

2. 企业出售原材料取得的款项扣除其成本及相关费用后的净额，应当计入营业外收入。（　　）

3. 销售费用是除销售商品本身的成本和劳务成本外，与销售商品有关的各种费用。（　　）

4. 如果商品流通企业发生的管理费用不多，可以将发生的管理费用计入销售费用。（　　）

5. 企业向银行或其他金融机构借入的各种款项的利息都要计入财务费用。（　　）

6. 企业在筹建期间发生的开办费、董事会费计入到管理费用中核算。（　　）

7. 车辆购置税、购买房屋交纳的契税应计入企业固定资产价值。（　　）

8. 生产车间发生的各种间接费用应计入制造费用，专设销售机构发生的各种费用应计

入销售费用。(　　)

9. 企业取得交易性金融资产时支付的手续费应计入财务费用。(　　)

10. 企业交纳的营业税都应该计入“营业税金及附加”科目。(　　)

11. 随同产品出售不单独计价的包装物成本应计入销售费用。(　　)

12. 公司发行股票过程中发生的手续费，应计入当期的财务费用。(　　)

13. 企业的全部收益构成企业的广义收入。(　　)

14. 企业发生的生产费用必定会最终计入产品成本。(　　)

15. 凡是有收入产生的企业，其所有者权益必定会增加。(　　)

16. 收入确认的基本条件是指与收入相关的经济利益能够流入企业。(　　)

17. 企业已完成销售手续但购买方在月末尚未提取的商品，不应确认收入的实现。(　　)

18. 企业为客户提供的现金折扣应在实际发生时冲减当期收入。(　　)

19. 企业对于跨年度且期末能对交易结果作出可靠估计的劳务，应采用完工百分比法确认收入。(　　)

20. 收入可能与所有者投入资本无关，也可能与投入资本有关。(　　)

21. 存在商业折扣，销售企业计算增值税销项税额应当按照未扣除商业折扣前的金额计算。(　　)

22. 采用预收款销售商品，应在收到第一笔款项时确认收入。(　　)

23. 企业发生毁损的固定资产净损失，应计入营业外支出。(　　)

24. 企业采用“账结法”结转本年利润的，年度内每月月末损益类科目发生额合计数和月末累计余额无需转入“本年利润”科目，但要将其填入利润表，在年末时将损益类科目全年累计余额转入“本年利润”科目。(　　)

25. 账结法下，每月月末均需编制转账凭证，将在账上结计出的各损益类科目的余额结转入“本年利润”科目。结转后“本年利润”科目的本月合计数反映当月实现的利润或发生的亏损，“本年利润”科目的本年累计数反映本年累计实现的利润或发生的亏损。(　　)

26. 企业确认与收益相关的政府补助，在实际收到时直接计入当期营业外收入。(　　)

27. 企业确认与资产相关的政府补助，在实际收到时直接计入当期营业外收入。(　　)

28. 本期所得税费用不一定等于本期应交所得税。(　　)

29. 企业在财产清查中盘盈的固定资产，作为前期差错处理，在按管理权限报经批准处理前应先通过“以前年度损益调整”科目核算。(　　)

30. 某企业年初有上年形成的亏损25万元，当年实现利润总额10万元。假设企业本期无纳税调整事项，则企业当年无需缴纳企业所得税。(　　)

31. 企业因债权人撤销而转销无法支付的应付账款时，应将所转销的应付账款计入其他业务收入科目。(　　)

32. 企业的所得税费用不一定等于利润总额乘以所得税税率。(　　)

33. 企业发生毁损的固定资产净损失，应计入营业外支出。(　　)

34. 企业采用“账结法”结转本年利润的，年度内每月月末损益类科目发生额合计数和月末累计余额无需转入“本年利润”科目，但要将其填入利润表，在年末时将损益类科目全年累计余额转入“本年利润”科目。(　　)

35. 账结法下，每月月末均需编制转账凭证，将在账上结计出的各损益类科目的余额结转入“本年利润”科目。结转后“本年利润”科目的本月合计数反映当月实现的利润或发生的亏损，“本年利润”科目的本年累计数反映本年累计实现的利润或发生的亏损。(　　)

36. 企业确认与收益相关的政府补助，在实际收到时直接计入当期营业外收入。(　　)

37. 企业确认与资产相关的政府补助，在实际收到时直接计入当期营业外收入。(　　)

38. 本期所得税费用不一定等于本期应交所得税。(　　)

39. 企业在财产清查中盘盈的固定资产，作为前期差错处理，在按管理权限报经批准处理前应先通过“以前年度损益调整”科目核算。(　　)

40. 某企业年初有上年形成的亏损 25 万元，当年实现利润总额 10 万元。假设企业本期无纳税调整事项，则企业当年无需企业所得税。(　　)

41. 企业因债权人撤销而转销无法支付的应付账款时，应将所转销的应付账款计入其他业务收入科目。(　　)

42. 企业的所得税费用不一定等于利润总额乘以所得税税率。(　　)

四、财务成果岗位技能训练

1. 甲公司为增值税一般纳税人，适用的增值税税率为 17%，消费税税率 10%，营业税税率为 5%，城建税率为 7%，教育费附加 3%。产品售价中均不含增值税，销售产品为公司的主营业务，2011 年 11 月，甲公司发生如下业务：

(1) 11 月 10 日销售 A 产品一批，产品销售价格为 200 万元，产品成本是 120 万元，产品已经发出，并开具了增值税专用发票，货款尚未受到，甲公司给予了现金折扣条件是 2/10、1/20、n/30（现金折扣不考虑增值税）。11 月 29 日，甲公司收到购货方支付的货款。

(2) 企业出租一套设备，取得租金收入 30 万元存入银行。

(3) 支付业务招待费 10 万元。

(4) 计提坏账准备 3 万元，计提存货跌价准备 5 万元。

(5) 计提管理部门固定资产折旧 10 万元，专设销售机构固定资产折旧 8 万元。

(6) 销售材料一批，销售价格 10 万元，购进成本 6 万元，相应款项已经收到。

(7) 支付银行贷款利息 3 万元。

（8）支付印花税2万元。

（9）本月销售应交消费税的产品80万元。

（10）本月实际应交增值税30万元，应交消费税8万元，应交营业税12万元，计提应交城建税和教育费附加。

（11）生产车间发生修理费3万元，管理部门发生修理费1万元，已开出转账支票支付。

（12）向会计师事务所支付审计费2万元，已开出转账支票支付。

（13）计算并结转本月费用总额。

（假定除上述业务外不考虑其他因素，答案中的金额单位用万元表示）

要求：根据上述资料，编制甲公司的会计。

2. 甲公司为增值税一般纳税人，增值税税率为17%。商品销售价格不含增值税，在确认销售收入时逐笔结转销售成本。假定不考虑其他相关税费。2011年6月份甲公司发生如下业务：

（1）6月2日，向乙公司销售A商品1600件，标价总额为800万元（不含增值税），商品实际成本为480万元。为了促销，甲公司给予乙公司15%的商业折扣并开具了增值税专用发票。甲公司已发出商品，并向银行办理了托收手续。

（2）6月10日，因部分A商品的规格与合同不符，乙公司退回A商品800件。当日，甲公司按规定向乙公司开具增值税专用发票（红字），销售退回允许扣减当期增值税销项税额，退回商品已验收入库。

（3）6月15日，甲公司将部分退回的A商品作为福利发放给本公司职工，其中生产工人500件，行政管理人员40件，专设销售机构人员60件，该商品每件市场价格为0.4万元（与计税价格一致），实际成本0.3万元。

（4）6月25日，甲公司收到丙公司来函。来函提出，2009年5月10日从甲公司所购B商品不符合合同规定的质量标准，要求甲公司在价格上给予10%的销售折让。该商品售价为600万元，增值税额为102万元，货款已结清。经甲公司认定，同意给予折让并以银行存款退还折让款，同时开具了增值税专用发票（红字）。

除上述资料外，不考虑其他因素。

要求：

（1）逐笔编制甲公司上述业务的会计分录。

（2）计算甲公司6月份主营业务收入总额。

（“应交税费”科目要求写出明细科目及专栏名称；答案中的金额单位用万元表示）

3. 甲公司委托丙公司销售商品200件，商品已经发出，每件成本为60元。合同约定丙公司应按每件100元对外销售，甲公司按售价的10%向丙公司支付手续费。丙公司对外实际销售100件，开出的增值税专用发票上注明的销售价格为10 000元，增值税税额为1 700

元，款项已经收到。甲公司收到丙公司开具的代销清单时，向丙公司开具一张相同金额的增值税专用发票。

要求：根据资料分别为甲公司和丙公司编制有关的会计分录。

4. 甲公司为增值税一般纳税企业。2011 年 3 月份发生下列销售业务：

（1）3 日，向 A 公司销售商品 1 000 件，每件商品的标价为 80 元。为了鼓励多购商品，甲公司同意给予 A 公司 10% 的商业折扣。开出的增值税专用发票上注明的售价总额 72 000 元，增值税额为 12 240 元。商品已发出，货款已收存银行。

（2）5 日，向 B 公司销售商品一批，开出的增值税专用发票上注明的售价总额 60 000 元，增值税额为 10 200 元。甲公司为了及早收回货款，在合同中规定的现金折扣件为：2/10，1/20，n/30。

（3）13 日，收到 B 公司的扣除享受现金折扣后的全部款项，并存入银行。假定计算现金折扣时不考虑增值税。

（4）15 日，向 C 公司销售商品一批，开出的增值税专用发票上注明的售价总额 90 000 元，增值税额为 15 300 元。货款尚未收到。

（5）20 日，C 公司发现所购商品不符合合同规定的质量标准，要求甲公司在价格上给予 6% 的销售折让。甲公司经查明后，同意给予折让并取得了折让证明单，开具了增值税专用发票（红字）。

要求：编制甲公司上述销售业务的会计分录。（“应交税费”科目要求写出明细科目；本题不要求编制结转销售成本的会计分录）

5. 甲股份有限公司（以下简称甲公司）系增值税一般纳税人，适用的增值税税率为 17%，适用的所得税税率为 25%。销售单价除标明为含税价格外，均为不含增值税价格。甲公司 2011 年 12 月发生如下业务：

（1）12 月 2 日，向乙企业赊销 A 产品 10 件，单价为 2 000 元，单位销售成本为 1 000 元，约定的付款条件为：2/10，n/20。

（2）12 月 8 日，乙企业收到 A 产品后，发现有少量残次品，经双方协商，甲公司同意折让 5%。乙公司于 12 月 8 日偿还余款。假定计算现金折扣时，不考虑增值税。

（3）12 月 15 日，向戊企业销售材料一批，价款为 20 000 元，该材料发出成本为 16 000 元。当日收取面值为 23 400 元的银行承兑汇票一张。

（4）12 月 18 日，乙企业要求退回本年 11 月 20 日购买的 10 件 A 产品。该产品销售单价为 2 000 元，单位销售成本为 1 000 元，其销售收入 20 000 元已确认入账，价款尚未收取。经查明退货原因系发货错误，同意乙企业退货，并办理退货手续和开具红字增值税专用发票。甲公司收到退回的货物。

要求：编制上述业务的会计分录。

6. 甲公司于2010年12月25日接受乙公司委托，为其培训一批学员，培训期为6个月，2011年1月1日开学。协议约定，乙公司应向甲公司支付的培训费总额为60 000元，分三次等额支付，第一次在开学时预付，第二次在2011年3月1日支付，第三次在培训结束时支付。2011年1月1日，乙公司预付第一次培训费。至2011年2月28日，甲公司发生培训成本30 000元（假定均为培训人员薪酬）。2011年3月1日，甲公司得知乙公司经营发生困难，后两次培训费能否收回难以确定。

要求：根据资料编制有关会计分录。

7. 某咨询公司于2007年7月1日与客户签订一项咨询合同。合同规定，咨询期为两年，咨询费为240 000元，客户分三次等额支付，第一次在项目开始时支付，第二次在项目中期支付，第三次在项目结束时支付。估计总成本为160 000元（假定均为咨询人员薪酬），其中，2007年发生成本38 000元，2008年发生成本80 000元，2009年发生成本42 000元。假定成本估计十分准确，咨询费也很可能收回，该公司按照已提供的劳务占应提供劳务总量的比例（按时间比例）确定该项劳务的完工程度，按年编制财务报表。

要求：编制与该咨询公司有关的分录。

8. 南方制造有限责任公司是一家生产机械设备的小型企业，2011年12月，发生以下其他业务：

（1）12月1日，转让原材料一批，转让价20 000元，增值税3 400元，款项收妥存入银行。该批原材料的实际成本为18 000元，予以结转。

（2）12月2日，转让专利使用权一项，收取本月至次年2月末止的转让费60 000元，收妥存入银行。

（3）12月31日，摊销该项专利价值5 000元。

要求：根据资料编制有关会计分录。

9. 甲公司采用表结法于年末一次结转损益类科目，2012年度有关资料如下：

（1）8月8日，向中国红十字会捐赠20 000元，已开出转账支票支付。

（2）9月11日，3名员工迟到，5名员工早退，根据公司规定，每人次罚款50元，共计400元，已收到现金。

（3）10月8日，企业因违规排污被环保局罚款30 000元，已开出转账支票支付。

（4）12月31日，经对账得知，欠付北方公司的材料余款10 000元已因其破产清算完毕无法支付，经批准做账务处理。

（5）12月31日，现金清查中发现库存现金较账面余额多出500元，无法查明原因，经批准作账务处理。

（6）12月31日，年终结账前各损益类科目余额如下：

主营业务收入900 000元，其他业务收入150 000元，投资收益50 000元，营业外收入

14 800 元；主营业务成本 620 000 元，其他业务成本 110 000 元，营业税金及附加 30 000 元，销售费用 37 000 元，管理费用 86 000 元，财务费用 20 000 元，营业外支出 65 000 元。

（7）投资收益中含国债利息收入 20 000 元，管理费用中有超标业务招待费 28 000 元，营业外支出中有 13 000 元公益性捐赠超标，行政罚款 30 000 元，合同违约罚款 5 000 元，职工福利费支出超标 23 000 元。

另外，递延所得税资产年初余额为 35 万元，年末余额为 50 万元；递延所得税负债年初余额为 50 万元，年末余额为 80 万元，本年递延所得税的发生额均影响所得税费用。

甲公司适用的所得税税率为 25%。

要求：

1. 根据资料（1）~（5），作出相应的会计分录。
2. 根据资料（6），结转损益类账户余额。
3. 根据资料（7），计算并结转所得税费用。
4. 计算并结转本年利润年末余额。

资金核算岗位

【学习目标】

1. 掌握：所有者权益的构成及其会计处理规则；公司利润分配的会计处理。
2. 理解：公司法与会计规则的关系。
3. 了解：上市公司利润分配方案的常见情形。

【学习重点与难点】

（一）实收资本

1. 实收资本概述

实收资本是指企业按照章程规定或合同、协议约定，接受投资者投入企业的资本。实收资本的构成比例即投资者的出资比例或股东的股权比例是确定所有者在企业所有者权益中份额的基础，也是企业进行利润或股利分配的主要依据，同时还是企业清算时确定所有者对净资产的要求权的依据。

股份有限公司应设置“股本”科目，核算公司实际发行股票的面值总额。除股份有限公司外，其他企业应设置“实收资本”科目，核算投资者投入资本的增减变化变动情况。

2. 实收资本的账务处理

(1) 接受现金资产投资。

①一般企业实际收到或存入企业开户银行的金额（银行通知单）：

借：银行存款

　　贷：实收资本（投资者在注册资本中所占份额的部分）

　　　　资本公积——资本溢价

②股份有限公司在核定的股本总额及核定的股份总额的范围内发行股票时，按实际收到的款项：

借：银行存款

　　贷：股本　　　　　　　（每股面值和核定的股份总额的乘积）

　　　　资本公积——股本溢价　　　　（差额）

(2) 接受非现金资产投资。

借：固定资产（或无形资产等）　　　　（投资各方确认的价值）

　　贷：实收资本（在注册资本中应拥有的份额）

　　　　资本公积（确认的资产价值超过其在注册资本中所占份额）

(3) 实收资本（或股本）的增减变动。

①实收资本（股本）增加的核算。资本增加的途径主要有：

- 所有者（包括原企业所有者和新投资者）投入
- 将资本公积转为实收资本
- 将盈余公积转为实收资本

借：资本公积——资本溢价或股本溢价

　　盈余公积

　　贷：实收资本（或股本）

用资本公积或盈余公积转增资本时，应按原投资者各自出资比例计算确定各投资者相应增加的出资额。

②实收资本（股本）减少的核算。实收资本减少的原因主要有：一是资本过剩而减资；一般要求返还投资。二是企业发生重大亏损而需要减少实收资本。

企业按法定程序报经批准减少注册资本的，按减少的注册资本金额减少实收资本。股份有限公司采用收购本公司股票方式减资的，按股票面值和注销股数计算的股票面值总额冲减股本。

A. 回购本公司股票时：

借：库存股

　　贷：银行存款

B. 注销本公司股票时：

借：股本

  资本公积——股本溢价（或在贷方）

   贷：库存股

（二）资本公积

1. 资本公积概述

资本公积指企业收到投资者出资额超出其在注册资本或股本中所占份额的部分，以及直接计入所有者权益的利得和损失。

直接计入所有者权益的利得和损失是指不应计入当期损益、会导致所有者权益发生增减变动的、与所有者投入资本或者向所有者分配利润无关的利得或者损失，如企业的长期股权投资采用权益法核算时，因被投资单位除净损益以外所有者权益的其他变动，投资企业按应享有份额而增加或减少的资本公积。

2. 资本公积的账务处理

（1）资本溢价（或股本溢价）。

借：银行存款（或固定资产等）　　　　（实收额或确定的价值）

  贷：实收资本（或股本）　　　　　　（在注册资本中所占的份额）

    资本公积——资本（股本）溢价

股份有限公司发行股票发生的手续费、佣金等交易费用，如果溢价发行股票的，应从溢价中抵扣，冲减资本公积（股本溢价）；无溢价发行股票或溢价金额不足以抵扣的，应将不足抵扣的部分冲减盈余公积和未分配利润。

（2）其他资本公积。指资本溢价（或股本溢价）项目以外所形成的资本公积，其中主要是直接计入所有者权益的利得和损失。

（3）资本公积转增资本。

借：资本公积

  贷：实收资本

（三）留存收益

1. 留存收益概述

企业从历年实现的净利润（税后利润）中提取或形成的留存于企业的内部积累，包括盈余公积和未分配利润两类。

2. 留存收益的账务处理

（1）利润分配。利润分配是指企业根据国家有关规定和企业章程、投资者协议等，对企业当年可供分配的利润所进行的分配。

企业当年实现的净利润加上年初未分配利润（或减年初未弥补亏损）和其他转入后的

余额，为可供分配的利润；可供分配的利润，按下列顺序分配：①提取法定盈余公积；②提取任意盈余公积；③向投资者分配利润。

企业应通过“利润分配”科目，核算企业利润的分配（或亏损的弥补）和历年分配（或弥补亏损）后的未分配利润（或未弥补亏损）。

①年度终了，结转本年实现的净利润：

借：本年利润

　　贷：利润分配——未分配利润

②结转本年发生的亏损：

借：利润分配——未分配利润

　　贷：本年利润

③结转利润分配的其他明细科目：

借：利润分配——未分配利润

　　贷：利润分配——提取法定盈余公积

　　　　　　　　——提取任意盈余公积

　　　　　　　　——应付现金股利（或利润）

（2）盈余公积。盈余公积是企业按照有关规定从净利润中提取的积累资金。公司制企业的盈余公积包括法定盈余公积和任意盈余公积。法定盈余公积是指企业按照规定的比例从净利润中提取的盈余公积。任意盈余公积是指企业按照股东大会决议提取的盈余公积。

①盈余公积的用途。

A. 弥补亏损。企业发生的亏损，可在连续5年内用税前利润补亏。弥补不完的部分，再用税后利润弥补。若以上2项还弥补不完的，可用盈余公积补亏。

B. 转增资本（股本）。转增资本后的法定盈余公积余额不得少于转增前注册资本的25%。

C. 分配股利或利润。

②盈余公积的会计处理。

A. 提取盈余公积。

借：利润分配——提取法定盈余公积（任意盈余公积）

　　贷：盈余公积——法定盈余公积（任意盈余公积）

B. 盈余公积的使用或减少。

a. 盈余公积弥补亏损：

借：盈余公积

　　贷：利润分配——盈余公积补亏

b. 转增资（股）本。企业用提取的盈余公积转增资本，应按照批准的转增资本数：

借：盈余公积

贷：实收资本（或股本）

c. 向投资者分配股利或利润。经股东大会或类似机构决议，用盈余公积分配现金股利或利润时：

借：盈余公积

贷：应付现金股利利润（或利润）

（四）长期借款

1. 长期借款概述

企业向银行等金融机构借入的偿还期在一年以上（不含1年）的各种款项，一般用于固定资产的购建、改扩建工程、大修理工程，对外投资以及为了保持长期经营能力等方面。

企业应通过“长期借款”科目，核算长期借款的借入、归还等情况。该科目可按照贷款单位和贷款种类设置明细账，分别对“本金”、“利息调整”等进行明细核算。

2. 主要会计处理

（1）取得长期借款。

①企业借入长期借款并将取得的款项存入银行时：

借：银行存款

贷：长期借款——本金

②如实际收到金额和本金之间存在差额的：

借：银行存款

长期借款——利息调整

贷：长期借款——本金

③长期借款利息的处理：

借：管理费用

财务费用

在建工程

研发支出（自创无形资产的）

贷：应付利息

④归还长期借款：

借：长期借款——本金

财务费用（当期应计利息）

应付利息（已计提的利息）

贷：银行存款

（五）应付债券

1. 应付债券概述

应付债券是指企业为筹集（长期）资金而发行的债券。债券是企业为筹集长期使用资金而发生的一种书面凭证。

2. 债券的发行价格

面值发行、溢价发行、折价发行。

3. 按面值发行债券的会计处理

企业应设置“应付债券”科目，并在该科目下设置“面值”、“利息调整”、“应计利息”等明细科目，核算应付债券发行、计提利息、还本付息等情况。

(1) 发行时。

借：银行存款

　　贷：应付债券——债券面值

　　　　　　　　——利息调整（或在借方）

(2) 计息时。

借：财务费用（或制造费用或在建工程或研发支出等）

　　贷：应付利息（分期付息，到期还本的债券）

　　　　应付债券——应计利息（一次性还本付息）

(3) 债券到期，偿付债券本息时。

借：应付债券——债券面值

　　　　　　——应计利息（或应付利息）

　　贷：银行存款等

（六）交易性金融资产

1. 概念

交易性金融资产是指企业持有的以短期获利为目的，从二级市场购入的股票、债券、基金等。

2. 交易性金融资产的账务处理

(1) 账户设置。

①“交易性金融资产”：核算企业为交易目的所持有的债券投资、基金投资等交易性金融资产的公允价值。

②“公允价值变动损益”：核算企业交易性金融资产等公允价值变动而形成的应计入当期损益的利得或损失。

③“投资收益”：核算企业持有交易性金融资产等期间取得的投资收益以及处置交易性金融资产等实现的投资收益或投资损失和交易费用。

（2）会计处理。

①交易性金融资产的取得（初始计量）。以公允价值作为其入账成本，交易费用计入当期损益。

借：交易性金融资产——成本（公允价值）

　　投资收益（发生的交易费用）

　　应收股利（已宣告但尚未发放的现金股利）

　　应收利息（已到付息期但尚未领取的利息）

　　贷：银行存款（支付的总价款）

②持有期间的股利或利息。

借：应收股利（被投资单位宣告发放的现金股利投资持股比例）

　　应收利息（资产负债表日计算的应收利息）

　　贷：投资收益

③资产负债表日公允价值变动。

A. 公允价值上升：

借：交易性金融资产——公允价值变动

　　贷：公允价值变动损益

B. 公允价值下降：

借：公允价值变动损益

　　贷：交易性金融资产——公允价值变动

④出售交易性金融资产。

借：银行存款等

　　贷：交易性金融资产

　　　　投资收益（差额，也可能在借方）

同时，将“公允价值变动损益”科目的余额转入“投资收益”。

借：公允价值变动损益

　　贷：投资收益

或：

借：投资收益

　　贷：公允价值变动损益

（七）长期股权投资

1. 概念

长期股权投资包括企业持有的对其子公司、合营企业及联营企业的权益性投资以及企业持有的对被投资单位不具有控制、共同控制或重大影响，且在活跃市场中没有报价、公允价值不能可靠计量的权益性投资。

2. 长期股权投资的核算方法

（1）成本法。

①成本法的适用范围：企业能够对被投资单位实施控制的长期股权投资，即企业对子公司的长期股权投资；企业对被投资单位不具有控制、共同控制或重大影响，且在活跃市场中没有报价、公允价值不能可靠计量的长期股权投资。

②成本法的核算。

A. 初始投资时的会计处理（非企业合并方式）。

初始成本确定：买价＋相关税费＋其他必要支出——已宣告尚未发放的现金股利或利润（计入“应收股利”）。

借：长期股权投资

　　应收股利

　　贷：银行存款等

B. 持有期间被投资单位宣告发放现金股利或利润。宣告发放现金股利或利润时：

借：应收股利

　　贷：投资收益

分放现金股利或利润时：

借：银行存款

　　贷：应收股利

（2）权益法。

①权益法的适用范围。主要有：企业对被投资单位具有共同控制的长期股权投资。即企业对其合营企业的长期股权投资；企业对被投资单位具有重大影响的长期股权投资。即企业对其联营企业的长期股权投资。

②权益法的核算。

A. “长期股权投资——成本”的会计处理。

投资成本大于所占份额：

借：长期股权投资——成本

　　贷：银行存款

　　　　投资成本小于所占份额

借：长期股权投资

　　贷：银行存款

　　　　营业外收入

B. “长期股权投资——损益调整”的会计处理。

被投资单位发生盈利：

借：长期股权投资——损益调整（按持股比例计算）

　　贷：投资收益

被投资单位发生亏损：

借：投资收益

　　贷：长期股权投资——损益调整

被投资单位宣告分派现金股利：

借：应收股利

　　贷：长期股权投资——损益调整

C. “长期股权投资——其他权益变动”的会计处理。

借：长期股权投资——其他权益变动

　　贷：资本公积

或作相反分录。

3. 长期股权投资的处置

(1) 成本法。

借：银行存款（出售所得价款）

　　贷：长期股权投资（账面余额）

　　　　投资收益

(2) 权益法。

借：银行存款（出售所得价款）

　　长期股权投资减值准备

　　贷：长期股权投资——成本

　　　　　　　　　　——损益调整

　　　　　　　　　　——其他权益变动

　　　　投资收益（或借方）

同时，借：资本公积——其他资本公积

　　　　贷：投资收益

或作相反分录。

4. 长期股权投资的期末计量

资产负债表日，长期股权投资的可收回金额低于账面价值的，应计提减值准备。

借：资产减值损失

　　贷：长期股权投资减值准备

长期股权投资减值损失一经确认，在以后会计期间不得转回。

一、单项选择题

1. 企业所有者权益在数量上等于（　　）。

A. 企业全部资产减去流动负债后的差额

B. 企业全部资产减去全部负债后的差额

C. 企业长期负债减去流动负债后的差额

D. 企业流动资产减去流动负债后的差额

2. 企业在增资时，新的投资者交纳的出资额大于其在注册资本中所占的份额部分，应记入（　　）账户。

A. 实收资本　B. 盈余公积　C. 资本公积　D. 营业外收入

3. 按《企业会计准则》规定，企业在接受实物捐赠时，应贷记（　　）账户。

A. 营业外收入　B. 实收资本

C. 资本公积——接受捐赠非货币性资产价值

D. 资本公积——接受捐赠货币性资产价值

4. 公司制的企业计提的法定盈余公积累计达到注册资本的（　　）时，可不再提取。

A. 20%　B. 30%　C. 40%　D. 50%

5. 企业用法定公益金购建集体福利设施时，会引起盈余公积总额（　　）。

A. 增加　B. 减少　C. 不变　D. 增加或减少

6. 下列各项中，不属于企业盈余公积核算内容的是（　　）。

A. 接受现金捐赠　B. 按规定从净利润中提取盈余公积

C. 用盈余公积发放现金股利　D. 用法定盈余公积转增资本

7. 下列事项中，会引起所有者权益减少的有（　　）。

A. 以盈余公积弥补亏损　B. 经批准减资

C. 接受外币资本投资　D. 以资本公积转增资本

8. 企业不可以吸收所有者的（　　）作为投资。

A. 货币资产　B. 固定资产　C. 租入资产　D. 无形资产

9. 年末结账后，下列各项中会存在余额的是（　　）。

A. 本年利润

B. 利润分配——未分配利润

C. 利润分配——提取盈余公积

D. 利润分配——应付现金股利或利润

10. 年末结账后，利润分配的贷方余额表示（　　）。

A. 未分配的利润　　B. 利润的实现额

C. 为弥补的亏损　　C. 利润的分配额

11. 某企业年初未分配利润贷方余额为200万元，本年实现净利润1 000万元，按净利润的10%提取法定盈余公积，提取任意盈余公积50万元，该企业年末可供分配利润为(　　)万元。

A. 1 200　　B. 1 100　　C. 1 050　　D. 1 000

12. 某企业年初未分配利润贷方余额为200万元，本年利润总额为800万元，本年所得税费用为300万元，按净利润的10%提取法定盈余公积，提取任意盈余公积25万元，向投资者分配利润25万元。该企业年末未分配利润贷方余额为（　　）万元。

A. 600　　B. 650　　C. 625　　D. 570

13. 下列各项，能够引起所有者权益总额变化的是（　　）。

A. 提取盈余公积　　B. 增发新股

C. 向股东支付已宣告分派的现金股利

D. 以盈余公积弥补亏损

14. 下列各项中，会引起负债和所有者权益同时发生变动的是（　　）。

A. 管理用无形资产的摊销　　B. 计提应付债券利息

C. 发放股票股利　　D. 收到某公司交来的前欠货款

15. 对有限责任公司而言，如有新投资者介入，新介入的投资者缴纳的出资额大于其按约定比例计算的其在注册资本中所占的份额部分，应计入（　　）科目。

A. 实收资本　　B. 营业外收入　　C. 资本公积　　D. 盈余公积

16. 企业生产经营期间发生的长期借款利息应记入（　　）账户。

A. 在建工程　　B. 财务费用　　C. 管理费用　　D. 长期待摊费用

17. 为购建固定资产取得的专门借款的利息支出，在固定资产达到预计可使用状态前，应记入（　　）科目的借方。

A. 财务费用　　B. 管理费用　　C. 在建工程　　D. 长期借款

18. 甲企业购买一项交易性金融资产，其中：实际支付的投资价款中所包括的已宣告尚未发放的现金股利或已到付息期而尚未领取的利息，应计入（　　）。

A. 投资成本　　B. 投资收益

C. 投资溢价　　D. 应收股息

19. 下列说法中不正确的是（　　）。

A. 交易性金融资产主要是指企业为了近期内出售而持有的金融资产

B. 以公允价值计量且其变动计入当期损益的金融资产包括交易性金融资产

C. 以公允价值计量且其变动计入当期损益的金融资产和交易性金融资产是同一概念

D. 直接指定为以公允价值计量且其变动计入当期损益的金融资产，主要是指企业基于风险管理、战略投资需要等所作的指定

20. 甲公司于2011年4月5日从证券市场上购入A公司发行在外的股票100万股作为投资，每股支付价款5元（含已宣告但尚未发放的现金股利1元），另支付相关费用8万元，甲公司此份投资取得时的入账价值为（　　）万元。

A. 408　B. 400　C. 500　D. 508

21. 在进行长期股权投资的业务时，下列各项中，应当确认为投资损益的是（　　）。

A. 长期股权投资减值损失

B. 长期股权投资处置净损益

C. 期末交易性金融资产公允价值变动的金额

D. 支付与取得长期股权投资直接相关的费用

22. 甲企业购入B上市公司股票180万股，并划分为交易性金融资产，共支付款项2 830万元，其中包括已宣告但尚未发放的现金股利126万元。另外，支付相关交易费用4万元。该项交易性金融资产的入账价值为（　　）万元。

A. 2 708　B. 2 704　C. 2 830　D. 2 834

23. 甲公司2011年1月5日支付价款2 000万元购入A公司30%的股份，准备长期持有，另支付相关税费20万元，购入时A公司可辨认净资产公允价值为10 000万元。甲公司取得投资后对A公司具有重大影响。假定不考虑其他因素，甲公司因确认投资而影响利润的金额为（　　）万元。

A. －20　B. 0　C. 980　D. 1 000

24. 企业以现金方式取得长期股权投资时，所发生的相关费用数额较小的，应直接借记（　　）科目。

A. 财务费用　B. 待摊费用

C. 长期债权投资　D. 投资收益

25. 投资企业对长期股权投资采用权益法核算，在被投资单位发生亏损时，投资企业按应分担的份额确认并（　　）。

A. 减少长期股权投资账面价值　B. 冲减应收股息

C. 冲减资本公积　D. 计入营业外支出

26. 投资企业对长期股权投资采用成本法核算，当投资企业宣告分配利润或现金股利时，应作为（　　）。

A. 投资收益　　B. 冲减财务费用

C. 投资成本的收回　　D. 资本公积

27. 某企业2011年年初购入C公司30%的有表决权股份，对C公司能够施加重大影响，实际支付价款300万元（与享有C公司的可辨认净资产的公允价值的份额相等）。当年C公司经营获利100万元，发放现金股利20万元，资本公积变动使所有者权益增加30万元。2011年年末企业的股票投资账面余额为（　　）万元。

A. 324　　B. 333　　C. 339　　D. 300

28. 某公司于2011年5月5日从证券市场购入E公司股票1 500股，每股价格为11元。5月31日，E公司股票收盘价格为13元，该公司决定继续持有，但持有时间不超过半年。2011年5月31日该公司正确的会计处理是（　　）。

A. 借：应收股利3 000

　　贷：投资收益3 000

B. 借：交易性金融资产——公允价值变动3 000

　　贷：公允价值变动损益3 000

C. 借：交易性金融资产——公允价值变动3 000

　　贷：投资收益3 000

D. 不需要做任何会计处理

二、多项选择题

1. 企业提取的法定盈余公积金的用途有（　　）。

A. 弥补亏损　　B. 转增资本　　C. 发放现金利润

D. 福利设施建设　　E. 购买生产用固定资产

2. 下列各项中，属于所有者权益的有（　　）。

A. 实收资本　　B. 资本公积

C. 直接计入所有者权益的利得　　D. 盈余公积

3. 下列各项中，能够引起企业留存收益总额发生变动的有（　　）。

A. 本年度实现的净利润　　B. 提取法定盈余公积

C. 向投资者宣告分配现金股利　　D. 用盈余公积弥补亏损

4. 下列各项中，不会引起留存收益总额发生增减变动的有（　　）。

A. 用税后利润补亏　　B. 盈余公积补亏

C. 资本公积转增资本　　D. 盈余公积转增资本

5. 从利润中形成的所有者权益有（　　）。

A. 实收资本　　B. 资本公积　　C. 法定盈余公积金

D. 法定公益金　　E. 未分配利润

6. 企业“资本公积”设置的明细账有（　　）。

A. 资本溢价　　B. 接受捐赠非现金资产准备

C. 接受捐赠现金资产　　D. 外币资本折算差额

E. 其他资本公积

7. 同时引起资产和所有者权益发生增减变化的有（　　）。

A. 将盈余公积转增资本　　B. 用盈余公积弥补亏损

C. 从净利润中提取法定盈余公积　　D. 投资者投入资本

E. 经批准减资

8. 企业弥补亏损的来源包括（　　）。

A. 用以后年度税前利润弥补　　B. 用以后年度税后利润弥补

C. 用以前年度留存收益弥补　　D. 用以前年度实收资本弥补

E. 用以前年度长期负债弥补

9. 下列项目中，属于资本公积核算的内容有（　　）。

A. 企业收到投资者出资额超出其在注册资本或股本中所占份额的部分

B. 直接计入所有者权益的利得

C. 直接计入当期损益的损失

D. 企业接受的现金捐赠

10. 下列各项，能够引起所有者权益总额变化的是（　　）。

A. 接受现金捐赠　　B. 投资者投入资本

C. 向股东支付已宣告分派的现金股利

D. 回购库存股

11. 下列项目中，能同时引起资产和利润减少的项目有（　　）。

A. 计提短期借款的利息　　B. 计提行政管理部门固定资产折旧

C. 支付超标的业务招待费　　D. 无形资产摊销

12. 下列各项中，企业所有者权益增加的有（　　）。

A. 当年发生盈利　　B. 用当年税后利润弥补以前年度亏损

C. 接受投资者投资　　D. 以盈余公积补亏

13. “长期借款”账户的贷方核算（　　）内容。

A. 借入的长期借款　　B. 长期借款应计未付利息

C. 偿还长期借款本金　　D. 偿还长期借款利息

E. 取得长期借款的手续费

14. 长期借款所发生的利息费用，根据长期借款的用途，可以将其直接计入（　　）等项目。

A. 财务费用　　B. 在建工程　　C. 营业外支出

D. 管理费用　　E. 长期待摊费用

15. 企业在生产经营期间按面值发行债券，按期计提利息时，可能涉及的会计科目有（　　）。

A. 财务费用　　B. 在建工程　　C. 应付债券　　D. 长期待摊费用

16. 企业的长期负债包括（　　）。

A. 长期借款　　B. 应付债券　　C. 长期应付款

D. 其他应付款　　E. 应付账款

17. 2011 年 12 月 31 日，甲公司持有的一项交易性金融资产的公允价值是 10 万，账面价值是 9 万，以下会计处理正确的是（　　）

A. 借：公允价值变动损益 10 000

B. 贷：公允价值变动损益 10 000

C. 借：交易性金融资产——公允价值变动 10 000

D. 贷：投资收益 10 000

18. 下列项目中，可作为交易性金融资产的有（　　）。

A. 企业以赚取差价为目的从二级市场购入的股票

B. 企业以赚取差价为目的从二级市场购入的债券

C. 企业以赚取差价为目的从二级市场购入的基金

D. 到期日固定、回收金额固定或可确定，且企业有明确意图和能力持有至到期的非衍生金融资产

19. 下列各项中，构成长期股权投资取得时的投资成本包括（　　）。

A. 实际支付的买价　　B. 实际支付的税金、手续费

C. 价款中包含的已宣告尚未发放的股票股利

D. 价款中包含的已宣告尚未发放的现金股利

20. 利润表中“公允价值变动收益”项目反映的内容包括（　　）。

A. 交易性金融资产公允价值变动形成的应计入当期损益的利得或损失

B. 交易性金融负债公允价值变动形成的应计入当期损益的利得或损失

C. 采用公允价值模式计量的投资性房地产公允价值变动形成的应计入当期损益的利得或损失

D. 企业以各种方式对外投资所取得的收益

21. 长期股权投资包括（　　）

A. 对子公司的投资　　B. 对合营企业的投资　　C. 对联营企业的投资

D. 投资企业对被投资企业不具有控制、共同控制和重大影响，并且在活跃市场中有报价，公允价值能够可靠计量的权益性投资

22. 投资者应采用权益法核算长期股权投资的情况有（　　）。

A. 控制　　B. 重大影响　　C. 无重大影响　　D. 共同控制

23. 投资企业与被投资单位存在（　　）的关系时，投资者应采用成本法核算该长期股权投资。

A. 控制　　B. 重大影响　　C. 无重大影响　　D. 共同控制

24. 在权益法下，能引起长期股权投资账面价值发生变动的项目有（　　）。

A. 被投资单位实现净利润

B. 被投资单位宣告发放股票股利

C. 被投资单位宣告发放现金股利

D. 被投资单位除净损益外的其他所有者权益变动

25. 关于长期股权投资权益法的核算，下列说法中正确的有（　　）。

A. 长期股权投资的初始投资成本大于投资时应享有被投资单位可辨认净资产公允价值份额的，不调整长期股权投资的初始投资成本

B. 长期股权投资的初始投资成本大于投资时应享有被投资单位可辨认净资产公允价值份额的，其差额确认为商誉

C. 长期股权投资的初始投资成本大于投资时应享有被投资单位可辨认净资产公允价值份额的，其差额确认为当期损益

D. 长期股权投资的初始投资成本小于投资时应享有被投资单位可辨认净资产公允价值份额的，其差额应当计入当期损益，同时调整长期股权投资的成本

26. 采用权益法核算时，可能记入“长期股权投资”科目贷方发生额的是（　　）。

A. 被投资单位宣告现金股利　　B. 投资单位收回长期股权投资

C. 被投资单位发生亏损　　D. 被投资单位实现净利润

27. 采用权益法核算时，和“投资收益”账户有关的因素包括（　　）。

A. 被投资单位实现净利润

B. 被投资单位发生亏损

C. 被投资单位接受捐赠而增加的所有者权益

D. 被投资单位宣告分派股票股利

三、判断题

1. 企业的注册资本金在数额上与实收资本是一致的。(　　)

2. 《企业会计制度》不适用于股份有限公司。(　　)

3. 企业计提的法定盈余公积可用于各项支出。(　　)

4. 资本公积的实质属于投入资本范畴，因此所有资本公积均可直接用于转增资本。(　　)

5. 由于所有者权益和负债都是对企业资产的要求权，因此他们的性质是一样的。(　　)

6. 资本公积主要来源于企业的资本增值，而留存收益则来源于企业的资本投入。(　　)

7. 用盈余公积弥补亏损或转增资本时，均不影响所有者权益总额。(　　)

8. 企业接受的原材料投资，其增值税额不能计入实收资本。(　　)

9. 法定盈余公积累计额已达到注册资本的50%时可以不再提取。(　　)

10. 当企业投资者投入的资本高于其注册资本时，应当将高出部分计入营业外收入。(　　)

11. 企业不能用盈余公积转增资本。(　　)

12. 用法定盈余公积转增资本或弥补亏损时，均不导致所有者权益总额的变化。(　　)

13. 收入能够导致企业所有者权益增加，但导致所有者权益增加的不一定都是收入。(　　)

14. 在溢价发行股票的情况下，公司发行股票的溢价收入，直接冲减当期的财务费用。(　　)

15. 企业接受投资者以非现金资产投资时，应按该资产的账面价值入账。(　　)

16. 企业的留存收益包括法定盈余公积和任意盈余公积。(　　)

17. 资本公积就是企业收到投资者的超出其在注册资本中所占份额的投资。(　　)

18. 企业用利润弥补亏损时，无需编制专门的会计分录。(　　)

19. 企业为取得交易性金融资产发生的交易费用应计入交易性金融资产初始确认金额。(　　)

20. 以公允价值计量且其变动计入当期损益的金融资产，只包括交易性金融资产。(　　)

21. 直接指定为以公允价值计量且其变动计入当期损益的金融资产，主要是指企业基于风险管理、战略投资需要等所作的指定。(　　)

22. 企业对长期股权投资计提的减值准备，在该长期股权投资价值回升期间应当转回，但转回的金额不应超过原计提的减值准备。(　　)

23. 采用权益法核算的长期股权投资，其初始投资成本大于投资时应享有被投资单位可辨认净资产公允价值份额的，应调整已确认的初始投资成本。(　　)

24. 长期股权投资在成本法核算下，被投资单位宣告现金股利，投资方应确认投资收益。(　　)

25. 如果取得交易性金融资产所支付的价款中包含已宣告但尚未发放的现金股利或已到付息期但尚未领取的债券利息的，应单独确认为应收项目，不构成交易性金融资产的成本。（　　）

26. A 公司通过二级市场购入另一公司 80% 的有表决权股票，共计支出 5 000 万元，A 公司应将此投资划分为交易性金融资产。（　）

27. 甲公司于 2011 年 3 月 6 日在上海证券交易所用投资款购入某种股票 100 000 股，每股成交价 8.2 元（含已宣告尚未发放的 2010 年度现金股利每股 0.2 元），另支付相关税费 2 000 元。华南公司将该股票投资划分为交易性金融资产，则该交易性金融资产的入账价值为 800 000 元。（　）

四、资金核算岗位技能训练

1. 甲公司属于工业企业，为增值税一般纳税人，由 A、B、C 三位股东于 2010 年 12 月 31 日共同出资设立，注册资本 800 万元。出资协议规定，A、B、C 三位股东出资比例分别为 40%、35% 和 25%。有关资料如下：

（1）2010 年 12 月 31 日三位股东的出资方式及出资额如表 6－1 所示（各位股东的出资已全部到位，并经中国注册会计师验证，有关法律手续已经办妥）：

表 6－1

单位：万元

出资者	货币资金	实物资产	无形资产	合计
A	270		50（专利权）	320
B	130	150（厂房）		280
C	170	30（轿车）		200
合计	570	180	50	800

（2）2011 年甲公司实现净利润 400 万元，决定分配现金股利 100 万元，计划在 2011 年 2 月 10 日支付。

（3）2012 年 12 月 31 日，吸收 D 股东加入本公司，将甲公司注册资本由原 800 万元增到 1 000 万元。D 股东以银行存款 100 万元、原材料 58.5 万元（增值税专用发票中注明材料计税价格为 50 万元，增值税税额 8.5 万元）出资，占增资后注册资本 10% 的股份；其余的 100 万元增资由 A、B、C 三位股东按原持股比例以银行存款出资。2012 年 12 月 31 日，四位股东的出资已全部到位，并取得 D 股东开出的增值税专用发票，有关的法律手续已经办妥。

要求：

(1) 编制甲公司2010年12月31日收到投资者投入资本的会计分录（“实收资本”科目要求写出明细科目）。

(2) 编制甲公司2011年决定分配现金股利的会计分录（“应付股利”科目要求写出明细科目）。

(3) 计算甲公司2012年12月31日吸收D股东出资时产生的资本公积。

(4) 编制甲公司2012年12月31日收到A、B、C股东追加投资和D股东出资的会计分录。

(5) 计算甲公司2012年12月31日增资扩股后各股东的持股比例。

(答案中的金额单位用万元表示)

2. B股份有限公司首次公开发行了普通股50 000 000股，每股面值1元，每股发行价格为4元。B公司以银行存款支付发行手续费、咨询费等费用共计6 000 000元。假定发行收入已全部收到，发行费用已全部支付，不考虑其他因素。经过一段时间的生产经营之后，B股份公司准备增加股本至60 000 000元，经董事会决定，用资本公积转增股本10 000 000元。

要求：根据资料编制有关会计分录。

3. 星海公司20年实现税后利润500 000万元，进行如下分配：

(1) 按税后利润的10%、5%提取法定盈余公积和任意盈余公积。

(2) 决定用盈余公积100 000万元转增资本。

(3) 用盈余公积50 000元弥补以前年度亏损。

要求：根据资料编制有关会计分录。

4. D股份有限公司2010年初未分配利润为100 000，本年实现净利润2 000 000元，本年提取法定盈余公积200 000元，宣告发放现金股利800 000元。假定不考虑其他因素。

要求：

(1) 编制D股份有限公司有关会计分录。

(2) 计算D股份有限公司截至2010年年末累计未分配利润。

5. A公司2001年12月31日的股本为100 000 000股，面值为1元，资本公积（股本溢价）30 000 000元，盈余公积40 000 000元。经股东大会批准，A公司以现金回购本公司股票20 000 000股并注销。假定A公司按每股2元回购股票，不考虑其他因素。

要求：编制有关会计分录。

6. 甲股份有限公司（以下简称甲公司）2009年至2017年度有关业务资料如下：

(1) 2009年1月1日，甲公司股东权益总额为55 500万元（其中，股本总额为10 000万股，每股面值为1元；资本公积为40 000万元；盈余公积为5 000万元；未分配利润为500万元）。2009年度实现净利润300万元，股本与资本公积项目未发生变化。

2010年3月1日，甲公司董事会提出如下预案：

①2010 年度实现净利润的 10% 提取法定盈余公积。

②以 2009 年 12 月 31 日的股本总额为基数，以资本公积（股本溢价）转增股本，每 10 股转增 2 股，计 2 000 万股。

③2010 年 5 月 5 日，甲公司召开股东大会，审议批准了董事会提出的预案，同时决定分派现金股利 100 万元。2010 年 6 月 10 日，甲公司办妥了上述资本公积转增股本的有关手续。

（2）2010 年度，甲公司发生净亏损 3 000 万元。

（3）2011 年至 2016 年度，甲公司分别实现利润总额 100 万元、200 万元、300 万元、500 万元、600 万元和 500 万元。假定甲公司适用的所得税税率为 25%，无其他纳税调整事项。

（4）2017 年 5 月 9 日，甲公司股东大会决定以法定盈余公积弥补 2016 年 12 月 31 日账面累计未弥补亏损。

假定：①2010 年发生的亏损可用以后 5 年内实现的税前利润弥补；②除前述事项外，其他因素不予考虑。

要求：（“利润分配”、“盈余公积” 科目要求写出明细科目；答案中的金额单位用万元表示。）

（1）编制甲公司 2010 年 3 月提取 2009 年度法定盈余公积的会计分录。

（2）编制甲公司 2010 年 5 月宣告分派 2009 年度现金股利的会计分录。

（3）编制甲公司 2010 年 6 月资本公积转增股本的会计分录。

（4）编制甲公司 2010 年度结转当年净亏损的会计分录。

（5）计算甲公司 2016 年度应交所得税并编制结转当年净利润的会计分录。

（6）计算甲公司 2016 年 12 月 31 日账面累计未弥补亏损。

（7）编制甲公司 2017 年 5 月以法定盈余公积弥补亏损的会计分录。

7. 天桥有限公司分别取得下列两项长期借款：

（1）向银行借入 4 年期的生产经营用借款 500 000 元，每年计息一次，单利计算，到期一次还本付息，年利率 8%，借款已转存银行。

（2）因购建固定资产，从银行借入三年期借款 300 000 元，借款年利率为 6%，半年计息一次，到期一次还本付息。购建的固定资产在一年半后达到预定可使用状态。

要求：根据资料，分别就取得借款，计息，到期还本付息时的会计分录。

8. 某企业 2011 年发生的长期借款和仓库建造业务如下：

（1）2011 年 1 月 1 日，为建造一幢仓库从银行取得长期借款 800 万元，期限 3 年，合同年利率 6%（合同利率等于实际利率），不计复利，每年末计提并支付利息一次，到期一次还本。

（2）2011 年 1 月 1 日，开始建造仓库，当日用该借款购买工程物资 500 万元（不考虑增值税），全部用于工程建设，同时支付工程款300万元。

（3）2011年12月31日仓库工程完工并验收合格，达到预定可使用状态。仓库达到预定可使用状态前发生的借款利息全部予以资本化。该仓库预计使用年限为20年，预计净残值为8万元，采用年限平均法计算折旧。

假定未发生其他建造支出。

要求：

（1）编制取得长期借款的会计分录。

（2）编制2011年12月31日计提长期借款利息的会计分录。

（3）①计算仓库完工交付使用时的入账价值；②编制结转仓库成本的会计分录。

（4）①计算仓库2012年应计提的折旧额；②编制计提仓库2012年折旧额的会计分录。

（5）编制2012年12月31日计提长期借款利息的会计分录。

（答案中的金额单位用万元表示）

9. 2011年3月至5月，甲上市公司发生的交易性金融资产业务如下：

（1）3月1日，向D证券公司划出投资款1 000万元，款项已通过开户行转入D证券公司银行账户。

（2）3月2日，委托D证券公司购入A上市公司股票100万股，每股8元，另发生相关的交易费用2万元，并将该股票划分为交易性金融资产。

（3）3月31日，该股票在证券交易所的收盘价格为每股7.70元。

（4）4月30日，该股票在证券交易所的收盘价格为每股8.10元。

（5）5月10日，将所持有的该股票全部出售，所得价款825万元，已存入银行。假定不考虑相关税费。

要求：逐笔编制甲上市公司上述业务的会计分录。

（会计科目要求写出明细科目，答案中的金额单位用万元表示）

10. 2011年8月1日，甲公司以610万元（含已宣告但尚未领取的现金股利10万元）购入X公司股票200万股作为交易性金融资产，另支付手续费5万元。8月13日，甲公司收到现金股利10万元。2011年9月30日该股票每股市价为3.2元。2011年10月10日，X公司宣告分派现金股利，每股0.2元。10月20日，甲公司收到分派的现金股利。至12月31日，甲公司仍持有该交易性金融资产，期末每股市价为3.6元。2012年2月3日以620万元出售该交易性金融资产。假定甲公司每年6月30日和12月31日对外提供财务报告。

要求：

（1）编制上述经济业务的会计分录。

（2）计算该交易性金融资产的累计损益。

11. A公司于2010年1月1日用银行存款购入B公司股票400万股，每股购入价为10

元（含已宣告但尚未发放现金股利1元），另支付相关税费20万元，占B公司实际发行在外股数的30%，A公司采用权益法核算此项投资。2010年1月1日B公司可辨认净资产公允价值为13 000万元。2010年1月20日收到现金股利，2007年B公司实现净利润1 000万元，提取盈余公积100万元。2011年1月20日，A公司将持有的对B公司的投资对外出售，收到款项4 300万元存入银行。假定不考虑所得税和其他事项。

要求： 完成A公司上述有关投资业务的会计分录（金额单位用万元表示）。

12. 乙公司与A公司2010年至2012年与投资有关的资料如下：

（1）2010年1月1日乙公司支付现金100万元取得A公司10%的股权（不具有重大影响），发生相关税费3万元，假定该项投资公允价值不能可靠计量。

（2）2010年3月1日，A公司宣告分配2009年实现的净利润，分配现金股利200万元。

（3）乙公司于2010年4月10日收到现金股利。

（4）2010年，A公司发生亏损200万元。

（5）2011年A公司发生巨额亏损，2011年年末乙公司对A公司的投资按当时市场收益率对未来现金流量折现确定的现值为60万元。

（6）2012年1月20日，乙公司将持有的A公司的全部股权转让给乙企业，收到股权转让款62万元。

要求： 编制乙公司上述与投资有关业务的会计分录。（金额单位用万元表示）

13. 甲公司2009年3月1日至2011年6月5日发生下列与长期股权投资有关的经济业务：

（1）甲公司2009年3月1日从证券市场上购入乙公司发行在外30%的股份并准备长期持有，从而对乙公司能够施加重大影响，实际支付款项1 840万元（含已宣告但尚未发放的现金股利100万元），另支付相关税费10万元。2009年3月1日，乙公司可辨认净资产公允价值为6 000万元。

（2）2009年3月20日收到现金股利。

（3）2009年12月31日乙公司可出售金融资产的公允价值变动，使乙公司资本公积增加了100万元。

（4）2009年乙公司实现净利润400万元，其中1月份和2月份共实现净利润100万元，假定乙公司资产的公允价值与账面价值相等。

（5）2010年3月10日，乙公司宣告分派现金股利50万元。

（6）2010年3月25日，收到现金股利。

（7）2010年乙公司实现净利润500万元。

（8）2011年6月5日，甲公司将持有乙公司股份对外转让1/3，收到款项700万元存入银行。转让后持有乙公司20%的股份，对乙公司仍具有重大影响。

要求：

（1）编制上述有关业务的会计分录。

（2）计算2011年1月5日出售部分股份后长期股权投资的账面价值。

14. 乙公司为一家上市公司，2009年对外投资有关资料如下：

（1）1月20日，乙公司以银行存款购买A公司发行的股票200万股准备长期持有，实际支付价款10 000万元，另支付相关税费120万元，占A公司有表决权股份的40%，能够对A公司施加重大影响，投资时A公司可辨认净资产公允价值为30 000万元（各项可辨认资产、负债的公允价值与账面价值相同）。

（2）4月17日，乙公司委托证券公司从二级市场购入B公司股票，并将其划分为交易性金融资产。支付价款1 600万元（其中包含宣告但尚未发放的现金股利40万元），另支付相关交易费用4万元。

（3）5月5日，乙公司收到B公司发放的现金股利40万元并存入银行。

（4）6月30日，乙公司持有B公司股票的公允价值下跌为1 480万元。

（5）7月15日，乙公司持有的B公司股票全部出售，售价为1 640万元，款项存入银行，不考虑相关税费。

（6）A公司2009年实现净利润5 000万元。

（7）A公司2009年年末因出售金融资产公允价值变动增加资本公积700万元。

假定除上述资料外，不考虑其他相关因素。

要求：根据上述资料，逐笔编制乙公司相关会计分录（金额单位用万元表示）。

总账/报表岗位核算

【学习目标】

1. 掌握：资产负债表和利润表的编制方法。
2. 理解：财务会计报告的组成内容。
3. 了解：现金流量表和所有者权益变动表的结构；报表附注的主要内容。

【学习重点与难点】

（一）财务报告概述

1. 财务报告及其目标

财务报告是对企业财务状况、经营成果和现金流量的结构性表述。编制财务报告的目标是向财务报告使用者提供与企业财务状况、经营成果和现金流量等有关的会计信息，反映企业管理层受托责任履行情况，有助于财务报告使用者作出经济决策。

2. 财务报表的组成

财务报表是对企业财务状况、经营成果和现金流量的结构性表述。一套完整的财务报表至少应当包括资产负债表、利润表、现金流量表、所有者权益（或股东权益）变动表以及附注。

（二）资产负债表

1. 资产负债表概述

资产负债表指反映企业在某一特定日期（月末、季末、半年末、年末）全部资产、负债和所有者权益情况的报表。

资产 = 负债 + 所有者权益

（1）资产。

流动资产：货币资金、交易性金融资产、应收票据、应收账款、预付账款等。

非流动资产：长期股权投资、固定资产、在建工程、工程物资、无形资产等。

（2）负债。

流动负债：短期借款、应付票据、应付账款、预收账款、应付职工薪酬等。

非流动负债：长期借款、应付债券等。

（3）所有者权益。

实收资本（或股本）、资本公积、盈余公积和未分配利润。

2. 资产负债表结构

我国企业的资产负债表采用账户式结构。账户式资产负债表分左右两方，左方为资产项目，大体按资产的流动性大小排列；右方为负债及所有者权益项目，一般按要求清偿时间的先后顺序排列。

通过账户式资产负债表，可以反映资产、负债、所有者权益之间的内在关系，即“资产 = 负债 + 所有者权益”。

3. 资产负债表的编制

资产负债表的各项目均需填列“年初余额”和“期末余额”两栏。

资产负债表“年初余额”栏内各项数字，应根据上年末资产负债表的“期末余额”栏内所列数字填列。

资产负债表的“期末余额”栏内各项数字，其填列方法如下：

（1）根据总账科目的余额直接填列。

（2）根据多个总账账户余额的加总数字填写。如“货币资金” = “库存现金”末余 + “银行存款”末余 + “其他货币资金”末余。

（3）根据明细科目余额计算填列——需要分析处理的项目。如往来项目，“应收账款”、“预收账款”、“应付账款”、“预付账款”。

①“应收账款”期末余额 = “应收账款”所属明细账的期末借方余额 + “预收账款”所属明细账的期末借方余额

②“预收账款”期末余额 = “预收账款”所属明细账的期末贷方余额 + “应收账款”

所属明细账的期末贷方余额

③“应付账款”期末余额 =“应付账款”所属明细账的期末贷方余额 +“预付账款”所属明细账的期末贷方余额

④“预付账款”期末余额 =“预付账款”所属明细账的期末借方余额 +“应付账款”所属明细账的期末借方余额

(4) 根据总账科目和明细科目的余额分析计算填列。如一年内到期的非流动资产（长期待摊费用)、一年内到期的非流动负债等项目（长期借款)。

如“长期借款”项目，需要根据“长期借款”总账科目余额扣除“长期借款”科目余额所属的明细科目中将在一年内到期，且企业不能自主地将清偿义务展期的长期借款后的金额计算填列。

(5) 根据总账科目余额减去其备抵科目（减值准备、累计折旧、累计摊销）余额后的净额填列，如应收账款、固定资产、无形资产等。

(6) 综合运用上述方法填列。如资产负债表中的的“存货”项目，需根据“原材料”、“库存商品”、“委托加工物资”、“周转材料”、“生产成本”、“材料采购”、“在途物资”、“发出商品”、“材料成本差异”等总账科目期末余额的分析汇总数，再减去“存货跌价准备”科目期末余额后的金额填列。

(三）利润表

1. 利润表的概念和结构

利润表又称损益表，是反映企业在一定会计期间的经营成果的会计报表。有的书中称其为“动态报表”，是因其所记载的数据为期间数据。

2. 利润表的结构

利润表的格式有单步式和多步式两种。按照我国企业会计准则的规定，我国企业的利润表采用多步式。企业可以分如下几个步骤编制利润表：

第一步，以营业收入为基础，计算营业利润；

营业利润 = 营业收入 - 营业成本 - 营业税金及附加 - 销售费用 - 管理费用 - 财务费用 - 资产减值损失 + 公允价值变动收益（- 公允价值变动损失）+ 投资收益（- 投资损失)

第二步，以营业利润为基础，计算利润总额；

利润总额 = 营业利润 + 营业外收入 - 营业外支出

第三步，以利润总额为基础，计算净利润。

净利润 = 利润总额 - 所得税费用

3. 利润表的列报方法

(1) 上期金额栏的列报方法。利润表“上期金额”栏内各项目数字，应根据上年度利润表“本期金额”栏内所列数字填列。如果上年度利润表规定的各项目的名称和内容同本年度不相一致，应对上年度利润表各项目的名称和数字按照本年度的规定进行调整，填入利润表“上期金额”栏内。

(2) 本期金额栏的列报方法。利润表“本期金额”栏内各项数字一般应根据损益类科目的本期实际发生额分析填列。

(四) 现金流量表

现金流量表，是指反映企业一定会计期间内的现金和现金等价物的流入和流出情况的报表。

现金流量表中区分经营活动、投资活动和筹资活动的现金流入总额和现金流出总额，分别列报了这三类活动所产生的现金流量净额，最后汇总列示了企业的现金及现金等价物的净增加额。

1. 经营活动产生的现金流量

主要包括销售商品或提供劳务、购买商品或接受劳务、支付工资和缴纳税款等流入和流出的现金和现金等价物。

2. 投资活动产生的现金流量

主要包括购建固定资产、处置子公司及其他营业单位等流入和流出的现金和现金等价物。

3. 筹资活动产生的现金流量

主要包括吸收投资、发行股票、分配利润、发行债券、偿还债务等流入和流出的现金和现金等价物。

一、单项选择题

1. 下列资产负债表中，可以直接根据总账科目余额填列的是（　　）。

A. 货币资金　　B. 预付款项　　C. 存货　　D. 应付职工薪酬

2. 某企业“应收账款”和“预收账款”科目月末总账和明细账余额如表 7－1 所示：

表 7－1

总账科目	明细科目	借方余额	贷方余额
应收账款	甲公司	25 000	
	乙公司	10 000	
	丙公司		5 000
	合计	35 000	5 000

续表

总账科目	明细科目	借方余额	贷方余额
预收账款	A公司		20 000
	B公司	3 000	
	C公司		12 000
	合计	3 000	32 000

该企业未计提坏账准备，月末资产负债表中“应收账款”项目的金额为（　　）元。

A. 30 000　B. 35 000　C. 38 000　D. 37 000

3. 某企业“应收账款”和“预收账款”科目月末总账和明细账余额如表7－2所示：

表7－2

总账科目	明细科目	借方余额	贷方余额
应收账款	甲公司	25 000	
	乙公司	10 000	
	丙公司		5 000
	合计	35 000	5 000
预收账款	A公司		20 000
	B公司	3 000	
	C公司		12 000
	合计	3 000	32 000

该企业未计提坏账准备，月末资产负债表中“预收款项”项目的金额为（　　）元。

A. 32 000　B. 35 000　C. 29 000　D. 37 000

4. 某企业“预付账款”和“应付账款”科目月末总账和明细账余额如表7－3所示：

表7－3

总账科目	明细科目	借方余额	贷方余额
预付账款	A公司	30 000	
	B公司		8 000
	C公司	10 000	
	合计	40 000	8 000
应付账款	甲公司		50 000
	乙公司		23 000
	丙公司	6 000	
	合计	6 000	73 000

该企业未计提坏账准备，月末资产负债表中“预付款项”项目的金额为（　　）元。

A. 32 000　　B. 40 000　　C. 38 000　　D. 46 000

5. 某企业“预付账款”和“应付账款”科目月末总账和明细账余额如表7－4所示：

表7－4

总账科目	明细科目	借方余额	贷方余额
预付账款	A公司	30 000	
	B公司		8 000
	C公司	10 000	
	合计	40 000	8 000
应付账款	甲公司		50 000
	乙公司		23 000
	丙公司	6 000	
	合计	6 000	73 000

该企业未计提坏账准备，月末资产负债表中“应付账款”项目的金额为（　　）元。

A. 67 000　　B. 81 000　　C. 73 000　　D. 79 000

6. 企业2011年10月31日生产成本借方余额60万元，原材料借方余额40万元，发出商品借方余额10万元，工程物资借方余额10万元，存货跌价准备贷方余额1万元。则资产负债表“存货”项目的金额为（　　）万元。

A. 109　　B. 110　　C. 120　　D. 119

7. 下列资产负债表项目中，应根据多个总账科目余额计算填列的是（　　）。

A. 无形资产　　B. 交易性金融资产

C. 应付票据　　D. 长期借款

8. 某企业2011年12月31日固定资产账户余额为1 000万元，累计折旧账户余额为300万元，固定资产减值准备账户余额为10万元，在建工程账户余额为200万元。该企业2011年12月31日资产负债表中固定资产项目的金额为（　　）万元。

A. 1 000　　B. 700　　C. 690　　D. 990

9. 某企业2009年2月1日从银行借入期限为3年的长期借款400万元，编制2011年12月31日资产负债表时，此项借款应填入的报表项目是（　　）。

A. 长期借款　　B. 短期借款

C. 其他长期负债　　D. 一年内到期的非流动负债

10. 某企业2011年发生的营业收入为200万元，营业成本为100万元，销售费用为10万元，管理费用为20万元，财务费用为5万元，投资收益为20万元，资产减值损失为10

万元（损失），公允价值变动损益为30万元（收益），营业外收入为8万元，营业外支出为7万元，所得税费用为3万元。该企业2011年的利润总额为（　　）万元。

A. 106　　B. 105　　C. 108　　D. 100

11. 下列项目中，引起现金流量净额变动的是（　　）。

A. 从银行提取现金　　B. 用银行存款购买2个月到期的国债

C. 用库存商品抵偿债务　　D. 用银行存款清偿10万元债务

12. 下列项目中，不属于筹资活动产生的现金流量的是（　　）。

A. 取得短期借款收到的现金　　B. 吸收新股东投资收到的现金

C. 偿还债务支付的现金　　D. 处置无形资产收回的现金净额

13. 某企业2011年11月发生下列业务：用银行存款购买将于1个月到期的国债10万元，偿还上月欠付材料款项20万元，预付材料款8万元，支付生产工人工资13万元，购买固定资产30万元。假设不考虑其他因素，本月“购买商品、接受劳务支付的现金”项目的金额为（　　）万元。

A. 30　　B. 20　　C. 38　　D. 28

14. 用现金支付生产工人工资属于（　　）产生的现金流量。

A. 经营活动　　B. 投资活动　　C. 筹资活动　　D. 生产活动

15. 企业用银行存款支付的违规排污罚款属于（　　）。

A. 支付的各项税费

B. 支付其他与经营活动有关的现金

C. 购买商品、接受劳务支付的现金

D. 支付其他与投资活动有关的现金

16. 企业本月利润表中的营业收入为450 000元，营业成本为216 000元，营业税金及附加为9 000元，管理费用为10 000元，财务费用为5 000元，销售费用为8 000元，则其营业利润为（　　）元。

A. 217 000　　B. 225 000　　C. 234 000　　D. 202 000

17. 资产负债表中所有者权益部分是按照（　　）顺序排列的。

A. 实收资本、盈余公积、资本公积、未分配利润

B. 资本公积、实收资本、盈余公积、未分配利润

C. 资本公积、实收资本、未分配利润、盈余公积

D. 实收资本、资本公积、盈余公积、未分配利润

18. 下列关于上市公司年度财务会计报告对外提供期限的表述中，正确的是（　　）。

A. 2个月　　B. 30日　　C. 15日　　D. 4个月

19. 全部损益类账户的本月发生额如下：主营业务收入800万元，主营业务成本500万

元，营业税金及附加86万元，销售费用50万元，管理费用40万元，财务费用10万元，营业外收入5万元，所得税费用44万元，则利润表中“净利润”项目本月数为（　　）万元。

A. 114　　B. 75　　C. 119　　D. 79

20. 下列各项中，不会影响营业利润金额增减的是（　　）。

A. 投资收益　　B. 资产减值损失　　C. 营业外收入　　D. 财务费用

二、多项选择题

1. 下列项目中，属于流动资产的有（　　）。

A. 其他货币资金　　B. 预收款项

C. 一年内到期的非流动资产　　D. 应付款项

2. 资产负债表中，填列“存货”项目可能涉及的账户有（　　）。

A. 原材料　　B. 生产成本　　C. 存货跌价准备　　D. 材料成本差异

3. 资产负债表中，根据有关科目余额减去其备抵科目余额后的净额填列的是（　　）。

A. 应收票据　　B. 应付票据　　C. 无形资产　　D. 在建工程

4. 资产负债表中的“未分配利润”项目根据（　　）账户填列。

A. 资本公积　　B. 盈余公积　　C. 本年利润　　D. 利润分配

5. 资产负债表中，“应交税费”项目列示的税费有（　　）。

A. 增值税　　B. 教育费附加　　C. 个人所得税　　D. 印花税

6. 需要考虑减去相应的坏账准备后填列到资产负债表中的项目有（　　）。

A. 应收票据　　B. 应收利息　　C. 应收股利　　D. 其他应收款

7. 下列各项目中，符合现金流量表中现金概念的是（　　）。

A. 企业的库存现金　　B. 企业的银行本票存款

C. 企业购入的股票　　D. 企业购入的3个月内到期的国库券

8. 下列交易或事项中，会影响“经营活动产生的现金流量净额”的有（　　）。

A. 销售商品收到的销项税额　　B. 购买材料支付的进项税额

C. 购买固定资产支付的进项税额　　D. 支付房产税

9. 下列交易或事项，应该在所有者权益变动表中反映的有（　　）。

A. 期末可供出售金融资产的公允价值发生变动

B. 本期发现前期重大记账差错

C. 提取盈余公积

D. 确定本期所得税费用

10.《企业会计制度》规定，应在报表附注中披露的内容有（ ）。

A. 主要会计政策及其变更的说明

B. 会计估计变更的说明

C. 应收票据贴现

D. 未决诉讼

11. 财务会计目标是通过编制财务报告，借以反映企业的（ ）。

A. 成本费用 B. 经营成果 C. 财务状况 D. 现金流量

12. 企业财务会计报表的内容包括（ ）。

A. 附注 B. 现金流量表 C. 资产负债表 D. 利润表

13. 年度财务会计报告应当包括（ ）。

A. 资产负债表 B. 会计报表附注

C. 所有者权益变动表 D. 现金流量表

14. 资产负债表中的“存货”项目应根据（ ）总账科目的合计数填列。

A. 库存商品 B. 原材料 C. 生产成本 D 待摊费用

15. 在编制资产负债表时，应根据总账科目的期末借方余额直接填列的项目有（ ）。

A. 固定资产原价 B. 交易性金融资产

C. 短期借款 D. 累计折旧

16. 资产负债表中“应收账款”项目应根据（ ）之和填列。

A. “应收账款”科目所属明细科目的借方余额

B. “应收账款”科目所属明细科目的贷方余额

C. “应付账款”科目所属明细科目的贷方余额

D. “预收账款”科目所属明细科目的借方余额

17. 下列资产负债表项目中，不能直接根据总分类账户余额填列的有（ ）。

A. 货币资金 B. 存货 C. 应收账款 D. 应付票据

18. 下列各项中，属于资产负债表中流动资产项目的有（ ）。

A. 预收款项 B. 存货 C. 货币资金 D. 应收账款

19. 下列影响利润总额计算的项目有（ ）。

A. 营业收入 B. 营业外支出 C. 营业外收入 D. 投资收益

20. 以下选项正确的有（ ）。

A. 净利润 = 利润总额 − 所得税费用

B. 营业利润 = 营业收入 − 营业成本 − 营业税金及附加 − 销售费用 − 管理费用 − 财务费用 − 资产减值损失 + 公允价值变动收益 + 投资收益

C. 营业收入 = 主营业务收入 + 其他业务收入

D. 营业成本 = 主营业务成本 + 营业税金及附加

三、判断题

1. 资产负债表中的“长期待摊费用”项目应根据“长期待摊费用”科目的余额直接填列。( )

2. “开发支出”项目应当根据“研发支出”科目中所属的“费用化支出”明细科目期末余额填列。( )

3. 资产负债表中的“固定资产”包括融资租入固定资产的价值。( )

4. 填列“存货”项目金额时，需要扣减的项目可能涉及“存货跌价准备”、“材料成本差异”、“商品进销差价”及“受托代销商品款”科目。( )

5. 资产负债表和利润表都是反映企业特定日期财务状况的会计报表。( )

6. 到期一次还本付息的债券，到期前确定的应付未付利息，在“应付利息”项目列示。( )

7. 现金流量表中的现金是指资产负债表中的货币资金。( )

8. 计提固定资产折旧不会导致现金流量的增减变化。( )

9. 资产负债表和现金流量表属于静态报表，利润表属于动态报表。( )

10. 所有者权益变动表只是反映企业在一定期间未分配利润的增减变动情况的报表。( )

11. 会计报表的便于理解的要求是建立在会计报表使用者具有一定的会计报表阅读能力的基础上的。( )

12. 我国企业的季度财务会计报告至少包括资产负债表和利润表。( )

13. 利润总额是指收入加上投资收益、营业外收入，减去营业外支出后的总金额。( )

14. 利润表中“本期数”栏的数字，应根据各损益类账户本期发生额填列。( )

15. 会计报表应根据审核无误的会计账簿和有关资料编制。( )

四、总账报表岗位技能训练

1. 黄河公司是工业企业，为增值税一般纳税人，适用的增值税税率为17%，其有关资料如下：

（1）黄河公司销售的产品、材料均为应纳增值税货物，增值税税率为17%，产品、材料销售价格中均不含增值税。

（2）黄河公司材料和产品均按实际成本核算，其销售成本随着销售同时结转。

（3）黄河公司2012年12月1日有关科目余额如表7－5所示：

表 7－5　2012 年科目余额表

编制单位：黄河公司　　　　2012 年 12 月 1 日　　　　单位：元

科目名称	借方余额	科目名称	贷方余额
库存现金	600	短期借款	360 000
银行存款	580 000	应付票据	30 000
应收票据	40 000	应付账款	160 000
应收账款	300 000	应付职工薪酬	3 000
坏账准备	－6 000	应交税费	12 500
其他应收款	9 000	长期借款	1 000 000
原材料	40 000	实收资本	2 000 000
周转材料	50 000	盈余公积	100 000
库存商品	60 000	利润分配（未分配利润）	1 214 100
长期股权投资	700 000		
固定资产	3 860 000		
累计折旧	－760 000		
无形资产	6 000		
合计	4 879 600	合计	4 879 600

（4）黄河公司 2012 年 12 月发生如下经济业务：

①12 月 1 日，销售给甲公司一批产品，销售价格 50 000 元，产品成本 40 000 元。产品已经发出，开出增值税专用发票，款项尚未收到（除增值税以外，不考虑其他税费）。为了及早收回货款，双方约定的现金折扣条件为：2/10，1/20，n/30（假定计算现金折扣时不考虑增值税）。12 月 16 日黄河公司收到甲公司的货款。

②12 月 5 日，黄河公司购入原材料一批，增值税专用发票上注明的金额为 400 000 元，增值税税率为 17%，另卖方代垫运杂费 30 000 元。材料已经到达，并验收入库。企业尚未付款。

③12 月 15 日对外销售一批原材料，销售价格 100 000 元，材料实际成本 80 000 元。销售材料已经发出，开出增值税专用发票。款项已经收到，并存入银行（除增值税以外，不考虑其他税费）。

④12 月 20 日，黄河公司采用以旧换新的方式销售给乙公司一批商品，售价为 200 000 元，成本为 150 000 元，同时收回旧产品作为原材料核算，旧产品的回收价为 30 000 元（不考虑增值税），实际收到现金 204 000 元。

⑤12 月 25 日出售一台不需用设备，设备账面原价 210 000 元，已提折旧 64 000 元，出售价格 200 000 元。出售设备价款已经收到，并存入银行。

⑥12 月 31 日支付业务招待费 3 000 元、广告费 300 元。

⑦摊销无形资产价值 1 000 元；计提管理用固定资产折旧 15 000 元。

⑧本年度所得税费用和应交所得税为28 550元；实现净利润85 650元；计提盈余公积8 565元。

要求：

（1）编制黄河公司的有关经济业务会计分录（各损益类科目结转本年利润以及与利润分配有关的会计分录除外。除“应交税费”科目外，其余科目可不写明细科目）。

（2）填列甲企业2012年12月31日资产负债表的年末数（填入表7－6）。

表7－6　资产负债表

编制单位：　　　　2012年12月31日　　　　单位：元

资产	期末余额	负债及所有者权益	期末余额
流动资产：		流动负债：	
货币资金		短期借款	
应收票据		应付账款	
应收账款		应付职工薪酬	
其他应收款		应交税费	
存货		流动负债合计	
流动资产合计		非流动负债：	
非流动资产：		长期借款	
长期股权投资		非流动负债合计	
固定资产		负债合计	
无形资产		所有者权益：	
非流动资产合计		实收资本	
		盈余公积	
		未分配利润	
		所有者权益合计	
资产总计		负债及所有者权益总计	

2. 南海公司为增值税一般纳税人，增值税率17%，存货采用实际成本法核算。2011年12月31日有关科目的余额如表7－7所示。

表7－7　科目余额表

编制单位：南海公司　　　　2011年12月31日　　　　单位：元

科目名称	借方余额	贷方余额	科目名称	借方余额	贷方余额
库存现金	1 200		短期借款		100 000
银行存款	83 190		应付账款	20000	183 000
交易性金融资产	52 000		应付职工薪酬		68 200
应收账款	158 000	10 000	应交税费		13 640

续表

科目名称	借方余额	贷方余额	科目名称	借方余额	贷方余额
坏账准备		740	应付利息		20 000
预付账款	10 000		长期借款		300 000
其他应收款	23 000		实收资本		1000 000
生产成本	168 000		资本公积		10 000
原材料	101 000		盈余公积		28 200
库存商品	193 300		未分配利润		-3 890
长期股权投资	200 000				
固定资产	831 000				
累计折旧		110 800			
合计	1 820 690	121 540		20 000	1 719 150

其中，长期借款300 000元中，2009年3月31日借入100 000元，期限3年；2008年5月1日借入200 000元，期限5年。

2012年1月南海公司发生如下经济业务：

（1）收到从甲公司购进A材料50 000元，增值税8 500元，上年度已经预付10 000元货款，不足部分尚未支付。

（2）从乙公司购进B材料90 000元，增值税15 300元，运费2 000元，已开出商业承兑汇票，材料尚未收到。

（3）收到B材料，发现溢余一批，价值4 000元，原因待查，全部B材料都已验收入库。

（4）经与乙公司沟通，材料溢余系多发货导致，同意做购进，并收到乙公司补开的增值税专用发票，款项暂欠。

（5）取得商品销售收入400 000元，增值税税额为68 000元，款项已存入银行。该批商品的制造成本为销售额的60%。

（6）以银行存款支付上年已计提的借款应付利息20 000元。

（7）开出转账支票支付上年度应交税费13 640元，其中，增值税12 400元，城建税868元，教育费附加372元。

（8）采用托收承付方式向壬公司销售一批商品，售价80 000元，成本为52 000元，该批商品已经发出，已开出增值税发票，并已向银行办妥托收手续。此时得知壬公司因败诉需支付巨额赔款，资金周转十分困难，存在破产的可能性。

（9）提取现金42 000元用于发放工资。

（10）支付职工工资51 000元，其中，代扣职工个人负担社保和住房公积金5 600元，代扣个人所得税 2 900 元，实际支付现金 42 500 元。

（11）收到参股的南山公司（占 10% 的股份）宣告发放现金股利的通知，应分得股利 20 000 元，尚未收到。

（12）购入一台需安装的机器设备，货款为 40 000 元，增值税为 6 800 元，款项已经从银行汇出。

（13）计提本月工资 64 000 元，其中生产工人工资 38 000 元，行政管理人员工资 9 000 元，销售人员工资 17 000 元。

（14）完工产品一批，制造成本 133 600 元。

（15）销售 B 材料一批，价款 8 000 元，增值税 1 360 元，已开具增值税专用发票，收到转账支票一张并已送存银行。该批材料成本 6 000 元。

（16）购买办公用品一批，价款 6 310 元，收到普通发票一张，已开具转账支票支付。

（17）向白血病儿童小月月捐款 3 000 元，开出现金支票一张。

（18）支付广告费 10 000 元，已开具转账支票。

（19）计提本月固定资产折旧 22 000 元，其中，行政管理部门 13 000 元，销售部门 9 000元。

（20）计提本月应负担的借款利息 7 000 元。

（21）1 月 31 日，持有的交易性金融资产的公允价值为 57 000 元。

（22）计提坏账准备 10 000 元。

（23）计提本月应交城建税和教育费附加。

（24）预交本月所得税 24 000 元，已开出转账支票支付。（要求通过“所得税费用”、“应交税费”科目核算）。

（25）将本月损益类科目结转至本年利润。

要求：

1. 根据上述（1）～（25）业务资料编制会计分录；
2. 编制南海公司 2012 年 1 月 31 日的资产负债表（简表，见表 7－8）；
3. 编制南海公司 2012 年 1 月的利润表（简表，见表 7－9）。

表 7－8 资产负债表（简表）

编制单位：南海公司　　2012 年 1 月 31 日　　单位：元

资产	期末余额	年初余额	负债和所有者权益（或股东权益）	期末余额	年初余额
流动资产：			流动负债：		
货币资金			短期借款		
交易性金融资产			交易性金融负债		

续表

资产	期末余额	年初余额	负债和所有者权益（或股东权益）	期末余额	年初余额
应收票据			应付票据		
应收账款			应付账款		
预付款项			预收款项		
应收利息			应付职工薪酬		
应收股利			应交税费		
其他应收款			应付利息		
存货			其他应付款		
一年内到期的非流动资产			一年内到期的非流动负债		
其他流动资产			流动负债合计		
流动资产合计			非流动负债：		
非流动资产：			长期借款		
长期股权投资			递延所得税负债		
投资性房地产			非流动负债合计		
固定资产			负债合计		
在建工程			所有者权益（或股东权益）：		
工程物资			实收资本（或股本）		
无形资产			资本公积		
长期待摊费用			盈余公积		
递延所得税资产			未分配利润		
非流动资产合计			所有者权益（或股东权益）合计		
资产总计			负债和所有者权益（或股东权益）总计		

表 7－9　利润表（简表）

编制单位：南海公司　　　　2012 年 1 月　　　　单位：元

项目	本期金额
一、营业收入	
减：营业成本	
营业税金及附加	
销售费用	
管理费用	

续表

项目	本期金额
财务费用	
资产减值损失	
加：公允价值变动收益（损失以“－”号填列）	
投资收益（损失以“－”号填列）	
二、营业利润（亏损以“－”号填列）	
加：营业外收入	
减：营业外支出	
三、利润总额（亏损总额以“－”号填列）	
减：所得税费用	
四、净利润（净亏损以“－”号填列）	

模拟实训案例

一、企业的基本情况

（一）企业基本资料

名称：海南红日有限责任公司（简称红日公司）

开户行：中国工商银行海口市支行

账号：220288991948301

企业纳税人登记号：460100767676999（增值税一般纳税人，增值税率 17%）

地址：海口市海甸岛人民大道 58 号

（二）该企业的生产情况

该公司是一家制造企业，主要生产销售 A、B 两种产品，产品生产工艺流程比较简单，原材料为甲、乙、丙三种。

（三）财务核算方法

（1）记账凭证：为统一的记账凭证。

（2）物资采购运杂费按材料重量分配，月底制造费用按工人工资比例进行分配。

（3）材料和商品购销价款均为不含增值税价格，运杂费不做进项税额抵扣。

（4）存货按实际成本核算，购进材料的实际成本在“在途物资”账户核算。

（5）原材料和库存商品出库结转成本采用先进先出法。

（6）“应收账款”、“应收票据”、“预付账款”、“其他应收款”、“在途物资”、“原材料”、“库存商品”、“应付账款”、“其他应付款”、“实收资本”、“利润分配”账户设二级明细科目；“应交增值税”设三级明细科目，应交其他税费设二级明细科目核算；“生产成本”、“制造费用”、“管理费用”设多栏账，且“生产成本”按产品品种设明细；除此以外，其他科目只设一级科目核算。

（7）低值易耗品采用一次摊销法。

（8）月末按照应收账款余额百分比法计提坏账，计提比例为0.5%，其他应收款不计提坏帐。

（9）年末要确认暂时性差异的所得税影响金额。

（10）要考虑纳税调整因素。

（四）财务部岗位设置（3人）

（1）会计主管：负责财务部门全面工作。

（2）会计：负责编制记账凭证等工作。

（3）出纳：负责办理日常现金及银行存款收付业务，登记现金及银行存款日记账。

对于财务核算工作分工应严格按照《会计法》和《会计基础工作规范》来进行，经办人员应在相关的凭证和账簿及报表上签字（至少要有经办人和审核人），以明确责任。

二、企业经济业务资料及要求

（一）红日公司2011年12月31日有关账户余额如下表所示。

总账科目	明细科目	期初余额（元）	
		借方	贷方
库存现金		3 480.00	
银行存款		1 548 300.00	
交易性金融资产		32 200.00	
应收账款		135 000.00	
	大华公司	100 000.00	
	光明公司	35 000.00	
其他应收款	李倩	2 000.00	
坏账准备			675.00
原材料		85 000.00	
	甲材料（5 000千克，单价5元）	25 000.00	
	乙材料（8 000千克，单价6元）	48 000.00	
	丙材料（6 000千克，单价2元）	12 000.00	
库存商品		1 900 000.00	
	A产品（单位成本400元，4 000件）	1 600 000.00	
	B产品（单位成本100元，3 000件）	300 000.00	
固定资产		1 840 000.00	
累计折旧			160 000.00
在建工程		774 300.00	
无形资产		500 000.00	

续表

总账科目	明细科目	期初余额（元）	
		借方	贷方
短期借款			1 000 000. 00
应付票据			
应付账款			444 025. 00
	华山公司		46 000. 00
	美华公司		62 000. 00
	南岛公司		333 025. 00
	南隆公司		3 000. 00
其他应付款			22 300. 00
	华盛公司		22 300. 00
应付职工薪酬			130 000. 00
应交税费			5 280. 00
	未交增值税		4 800. 00
	应交城建税		336. 00
	应交教育费附加		144. 00
应付利息			2 000. 00
实收资本			4 000 000. 00
	国家资本		3 000 000. 00
	法人资本		1 000 000. 00
资本公积			320 000. 00
盈余公积			56 000. 00
未分配利润			680 000. 00
合计		6 820 280. 00	6 820 280. 00

（二）2011 年 12 月红日公司发生的经济业务

（1）2 日，开出转账支票，通过银行代发工资，支付上月未支付的工资 130 000 元。

（2）2 日，将无形资产中的土地使用权出租给海南华强有限公司，租期 3 年，出租时该土地使用权原价 36 000 元，累计摊销 8 000 元，收到当月租金收入 400 元，该土地使用权当月应摊销 250 元，应按当月该租金收入的 5% 交纳营业税，本企业投资性房地产后续计量采用成本模式计量。

（3）3 日从广州美华商贸有限公司购买非生产用大型设备一台 125 600 元，填写银行电汇凭证。广州美华商贸有限公司账号：16004066000764005，开户银行：中国银行化西路分理处 。

（4）3 日，通过银行扣缴上月未交的增值税 4 800 元，未交的城市维护建设税 336 元，未交教育费附加 144 元。

（5）6日办公室人员报销购买零星办公用品1 200元，以现金支付，列为低值易耗品，当天即被管理部门领用。

（6）8日向海口明星金属材料工厂购进甲材料8 000千克、单价5元，乙材料4 000千克、单价6元，运杂费2 400元已由海口明星金属材料工厂垫付，材料款项未付，材料还在运输途中。

（7）9日，8日购买的甲材料和乙材料到达企业，已经验收入库。

（8）10日向南京百货公司销售A产品1 000件，单价500元，收到期限为三个月的无息商业承兑汇票一张，面值585 000元，开具增值税专用发票。

（9）11日，以现金支付厂部机动车车船使用税360元。

（10）15日开户银行通知已收到广州养天合药业有限公司投资款120万元，占公司总资本的20%，公司将注册资本变为500万元，相应办理工商变更登记手续。

（11）16日总经理办公室张红预借差旅费1 000元。

（12）仓库发出材料供有关部门使用，其中生产A产品于17日耗用甲材料4 000千克、乙材料3 000千克，丙材料6 000千克；生产B产品于18日耗用甲材料5 000千克、乙材料2 000千克；辅助车间（不直接生产产品）于19日耗用甲材料2 000千克、乙材料1 000千克；行政管理部门于20日领用乙材料4 000千克。

（13）17日，购入股票120 000股，买价1 030 000元，交易费用20 000元，列为交易性金融资产。

（14）18日，开具银行电汇凭证预付齐鲁公司材料款20 000元。

（15）18日以银行存款偿还南岛公司前欠购货款300 000元。

（16）19日销售给长江股份公司A产品2 000件，单价500元，销售B产品2 000件，单价150元，开出增值税专用发票一张，为了提前收回货款给予对方现金折扣条件为：2/10、1/20、N/30，在计算现金折扣时不考虑增值税，另外代垫运费1 200元，开具银行转账支票付讫。

（17）20日收到大华公司前欠货款50 000元，存入银行。

（18）21日以银行存款1 560元支付今创广告公司推介产品广告费。

（19）22日张红出差回来报销差旅费1 500元，补付现金500元。

（20）22日向齐鲁公司购甲材料3 000千克，单价5元，丙材料6 000千克，单价2元，支付运杂费900元，用银行存款补付差额款，原材料已验收入库。

（21）25日，违反税法规定，支付税务滞纳金及罚款24 000元。

（22）29日收到长江股份公司货款及代垫运费。

（23）29日，接到法院通知，南隆公司已经破产，公司董事会决定：确认无法支付南隆公司的款项3 000元为营业外收入。

（24）31日，以委托收款方式支付本月水电费，生产车间使用3 000元，无法直接归属于生产的产品品种，在建工程使用4 000元，行政管理部门使用2 000元。

(25) 盘点资产时发现一固定资产盘亏，原值50000元，已提折旧45000；上报审批后全额作为损失处理。

(26) 31日计提本期固定资产折旧费16 000元，其中辅助车间用固定资产折旧费15 000元，行政管理部门用固定资产折旧费1 000元。

(27) 本月管理部门所用无形资产摊销20 000元。

(28) 31日计算分配本月应付职工工资130 000元，其中生产A产品工人工资60 000元，生产B产品工人工资30 000元，车间管理人员工资10 600元，在建工程人员工资20 000元，厂部管理人员工资9 400元。

(29) 31日按照年利率3%，计提本月银行借款应支付尚未支付的利息。

(30) 31日结转本月发生的制造费用，按照工人工资比例分配。

(31) 计算坏账准备当期应该计提或冲销的金额及账务处理。

(32) 31日本月投入生产的A产品350件，B产品800件，已经全部完工，结转入库。

(33) 31日结转已售产品成本A产品3 000件，B产品2 000件。

(34) 31日按本月应交增值税的7%计算应交城市维护建设税，按3%计算教育费附加。

(35) 31日，爱使股份的市场价值为1 050 000元。

(36) 31日结转损益类账户，计算本月实现的利润总额。

(37) 31日，按本月应纳税所得额的25%计算本月应交所得税，同时应确认由于暂时性差异对所得税的影响，并将所得税费用转入“本年利润”账户。

(38) 31日，将“本年利润”账户转入“利润分配——未分配利润”账户。

(39) 31日，按税后利润10%提取法定盈余公积和20%分配现金股利。

(40) 31日，将利润分配各明细账户余额，转入“利润分配——未分配利润”账户。

(三) 实训要求

按照财政部《会计基础工作规范》、《企业会计准则》完成以下财务核算工作：

(1) 填制完整原始凭证。

(2) 建账，包括总分类账和明细分类账，并登记各账户期初余额。

(3) 审核各项经济业务的原始凭证，填制记账凭证。

(4) 编制科目汇总表、登记所有科目的总分类账。

(5) 结账，包括总分类账和明细分类账。

(6) 编制2011年12月31日资产负债表、2011年12月份利润表和2011年12月现金流量表。

(7) 整理和装订凭证。

(8) 根据新会计准则使用规定的统一的会计科目。

(9) 计算过程中有小数的请保留两位小数位。

(10) 要求字迹工整、不得涂改，若有错误按规定办法进行更正。

(11) 需要过账的要求有过账记录。

三、原始凭证

业务 1－1

中国工商银行
现金支票存根（琼）
BH006754855

附加信息

出票日期：　年　月　日

收款人：
金　额：
用　途：

单位主管　　　　会计

中国工商银行转账支票　（琼）　BH006754855

本支票付款期十天

出票日期（大写）　年　月　日　付款行名称：
收款人：　出票人账号：

人民币（大写）	千	百	十	万	千	百	十	元	角	分

用途

上列款项请从
我账户内支付
出票人签章

工行海口市支行 转账 转讫

王青印

科目（借）
对方科目（贷）
付讫日期　年　月　日

业务 2－1

土地使用权出租协议书

甲方：海南红日有限责任公司
乙方：海南华强有限公司
经双方友好协商，对土地使用权出租事宜达成如下协议：
第 1 条：甲方将土地使用权出租给乙方，租期三年。出租期间为 2011 年 12 月 1 日至 2014 年 12 月 1 日。
第 2 条：乙方每月缴纳租金 400 元。
第 3 条：生效、期限与终止。
本协议经双方法人代表签字后生效。甲乙双方各执一份，公司存档备查一份。

甲方：海南红日有限责任公司　　　　乙方：海南华强有限公司

法人代表：王青印　　　　法人代表：张召全印

签订时间：2011 年 11 月 3 日　　　　签订时间：2011 年 11 月 3 日

业务2-2

海南省服务业专用发票

INVOICE FOR SERVICE TRADE OF HAINAN PROVINCE

全国统一发票监制章 海南税务局监制

发票联

INVOICE

开票日期：2011年12月1日　　　　发票号：5698797887766

DATE OF ISSUE　Y　M　D　　　　INVOICE　NO 008877666

海南华强有限公司 税号：12345678901234 发票专用章

付款人名称：海南华强有限公司 NAME OF PAYER
项 目：租金 SERVICE ITEM
付款金额（大写）：肆佰元整　（小写）400.00 AMOUNT OF PAYMENT（IN WORD）　（IN FIGURES）
附注： NOTES

第二联发票联

开票单位签章：　经手人：赵朝阳　纳税识别号：
STAMPED BY ISSUER　HANDLER　TAX PAYERIDENTIFICATION NUMBER
地址：　电话：　复核人：
ADD　TEL　CHECKED BY

业务2-3

投资性房地产累计摊销表

2011年12月　　单位：元

项目	原价	本月应摊销的金额	累计摊销金额	备注
出租土地使用权	36 000	250	8 250	
合计		250	8 250	

会计主管：　　制表：

业务2-4

营业税计算表

2011年12月31日

项目	计算依据	比例	金额
应交营业税		5%	
合计			

业务2－5

中国工商银行进账单（收账通知）**3**

2011年12月1日

付款人	全　称	海口华强公司	收款人	全　称	海南红日有限责任公司
	账　号	5918469757815318116		账　号	220288991948301
	开户银行	建设银行海口支行		开户银行	工商银行海口市支行

金额	亿	千	百	十	万	千	百	十	元	角	分
人民币（大写）肆佰元整						¥	4	0	0	0	0

票据种类		票据张数		
票据号码				
复核　张力　　记账　江兰				收款人开户银行签章

此联是银行交给收款人的收账通知

业务3－1

中国工商银行电汇凭证（回单）　　NO：0289350

委托日期　年　月　日　　第1号

汇款人	全称			收款人	全称			
	账号或住址				账号或住址			
	汇出地点	海口市	汇出行名称		汇入地点	广州市	汇入行名称	

金额	千	百	十	万	千	百	十	元	角	分
人民币（大写）										

汇款用途：	（汇出行盖章） 年　月　日
上列款项已根据委托办理，如需查询，请持此回单来行面洽。 单位主管　会计　出纳　记账	

此联给汇款人的回单

业务4－1

中华人民共和国

税收通用缴款书

隶属关系：

经济类型：　　填发日期 2011年12月3日　　征收机关：海口市国家税务局

缴款单位	代码	460100767676999	预算科目	编码	
	全称	海南红日有限责任公司		名称	增值税
	开户银行	工商银行海口支行		级次	中央级75%，地方级25%
	账号	220288991948301	收款国库		海口市支库 经收处
税款所属时期：2011年11月			税款限缴日期：2011年12月15日		
品目名称	课税数量	计税金额或销售收入	税率或单位税额	已缴或扣除额	实缴金额
					4 800.00
金额合计（大写）人民币零万肆仟捌佰零拾零元零角零分					￥4800.00
缴款单位（人）（盖章） 经办人（章）	税务机关（盖章） 填票人（章）	上列款项已收妥并划转收款单位帐户 国库（银行）盖章 ××××年12月9日			备注：

手工开票无效　　无银行收讫章无效　　逾期不缴按税法规定价收滞纳金

业务4－2

中华人民共和国

税收通用缴款书

隶属关系：

经济类型：　　填发日期　2011年12月9日　　征收机关：海口市国家税务局

缴款单位	代码	460100767676999	预算科目	编码	
	全称	海南红日有限责任公司		名称	城市维护建设税
	开户银行	工商银行海口支行		级次	地方级
	账号	220288991948301	收款国库		海口市支库　经收处
税款所属时期：2011年11月			税款限缴日期：2011年12月15日		
品目名称	课税数量	计税金额或销售收入	税率或单位税额	已缴或扣除额	实缴金额
城市维护建设税					336.00
金额合计（大写）人民币叁佰叁拾陆元零角零分					￥336.00
缴款单位（人）（盖章） 经办人（章）	税务机关（盖章） 填票人（章）	上列款项已收妥并划转收款单位帐户 国库（银行）盖章 2011年12月9日			备注：

手工开票无效　　无银行收讫章无效　　逾期不缴按税法规定价收滞纳金

业务4－3

中华人民共和国

税收通用缴款书

隶属关系：

经济类型：　　　　填发日期　2011年12月3日　　　　征收机关：海口市国家税务局

缴款单位			预算科目		
缴款单位	代码	460100767676999	预算科目	编码	
	全称	海南红日有限责任公司		名称	教育附加费
	开户银行	工商银行海口支行		级次	地方级
	账号	220288991948301	收款国库		海口市支库　经收处
税款所属时期：2011年11月			税款限缴日期：2011年12月15日		

品目名称	课税数量	计税金额或销售收入	税率或单位税额	已缴或扣除额	实缴金额
教育附加费					144.00
金额合计（大写）人民币壹佰肆拾肆元零角零分					¥144.00
缴款单位（人）（盖章） 经办人（章）	税务机关（盖章） 填票人（章）	上列款项已收妥并划转收款单位帐户 国库（银行）盖章 2011年12月9日			备注：

手工开票无效　　　　无银行收讫章无效　　　　逾期不缴按税法规定价收滞纳金

业务5－1

国税　　　　**海南省海口市货物销售发票**

发票联

发票代码：13235567887666

发票号码：02233668

客户名称：海南红日有限责任公司　　地址：　　　　2011年12月6日填开

品名规格	单位	数量	单价	超过万元无效	万	千	百	十	元	角	分	备注
办公用品	批	1	1 200.00			1	2	0	0	0	0	
金额合计（大写）人民币壹仟贰佰元零角零分					¥	1	2	0	0	0	0	
销售方税务登记号												

第二联发票联

填票人：韩雨　　　　收款人：李翠　　　　开票业户（盖章）

业务6－1

海南省增值税专用发票

No 03364852

此联是发票联　　开票日期：2011年12月8日

购货单位	名称：	海南红日有限责任公司			密码区			
	纳税人识别号：	460100767676999						
	地址：电话：	海口市海甸岛人民大道58号						
	开户银行及账户	工行海南省分行 220288991948301						
货物或应税劳务名称		规格型号	单位	数量	单价	金额	税率	税额
甲材料			千克	8 000	5	40 000	17%	6 800
乙材料			千克	4 000	6	24 000	17%	4 080
价税合计（大写）		柒万肆仟捌佰捌拾元整		（小写）￥74 880.00				
销货单位	名称：	海口明星金属材料工厂			备注	海口明星金属材料工厂 税号：683456789012345 发票专用章		
	纳税人识别号：	683 456 789 012 345						
	地址：电话：	琼山市中山路69号						
	开户银行及账户	工行琼山支行 3579159767193297294						

第二联　发票联

收款人：周秀　　复核：潘涛　　开票人：王浩　　销货单位

业务6－2

运费杂费收据

付款单位：海南华宏工厂　　2011年12月4日　　No 066512

原运输票据	年　月　日　第　号		办理种别	
发　站	海口站		到　站	海口站
车种车号			标重	
货物名称	件数	包装	重量	计费重量
甲材料	10	箱	8 000千克	8 000千克
乙材料	5	箱	4 000千克	4 000千克
类别	费率	数量	金额	附记
运杂费			2 400.00	海口明星金属材料工厂 税号：683456789012345 发票专用章
装卸费				
合计金额（大写）：贰仟肆佰元整			2 400.00	
收款单位：海南联运公司　　经办人：			李伟	

业务 6－3

材料采购费用分配表

单位：元

项目	运费分配			装卸费分配			合计
	分配标准（材料重量）	分配率	分配金额	分配标准	分配率	分配金额	
甲材料							
乙材料							
合计							

业务 7－1

收料单

材料科目：材料　　　　编号：001

材料类别：原料及主要材料　　　　收料仓库：2 号仓库

供应单位：珠海公司　　　　2011 年 12 月 9 日　　　　发票号码：03364852

材料编号	材料名称	规格	计量单位	数量		实际价格				计划价格	
				应收	实收	单价	发票金额	运费	合计	单价	金额
001	甲		千克	8 000	8 000	5	40 000				
002	乙		千克	4 000	4 000	6	24 000				
备注											

采购员：×××　　检验员：×××　　记账员：×××　　保管员：×××

业务 8－1

海南省增值税专用发票　　№ 02356279

记账联　　开票日期：　　年　　月　　日

<table>
<tr><td rowspan="4">购货单位</td><td>名称：</td><td colspan="4"></td><td rowspan="4">密码区</td><td colspan="2" rowspan="4"></td></tr>
<tr><td>纳税人识别号：</td><td colspan="4">370303859689572</td></tr>
<tr><td>地址、电话：</td><td colspan="4">南京市东城区 56 号 76855743</td></tr>
<tr><td>开户银行及账户</td><td colspan="4">建设银行东城支行 64009003675575675</td></tr>
<tr><td colspan="2">货物或应税劳务名称</td><td>规格型号</td><td>单位</td><td>数量</td><td>单价</td><td>金额</td><td>税率</td><td>税额</td></tr>
<tr><td colspan="2">合计</td><td></td><td></td><td></td><td></td><td></td><td></td><td></td></tr>
<tr><td colspan="2">价税合计（大写）</td><td colspan="7">（小写）</td></tr>
<tr><td rowspan="4">销货单位</td><td>名称：</td><td colspan="4" rowspan="4"></td><td rowspan="4">备注</td><td colspan="2" rowspan="4"></td></tr>
<tr><td>纳税人识别号：</td></tr>
<tr><td>地址：</td></tr>
<tr><td>开户行及账号：</td></tr>
</table>

第一联　记账联

收款人：　　复核：　　开票人：　　销货单位：

业务 8－2

商业承兑汇票 （卡片）

开票日期（大写）贰零壹壹年壹拾贰月零壹拾日　　　　第　　号

付款人	全称	南京百货公司		收款人	全称	海南红日有限责任公司	
	账号或住址	64009003675575675			账号或住址	220288991948301	
	开户行	建行	行号 3084		开户行	工商行	行号 3703
出票金额	人民币 （大写）伍拾捌万伍仟元整					千百十万千百十元角分	¥58500000
汇票到期日	2012 年 3 月 10 日			交易合同号码			
本汇票一经承兑 到期无条件付款 承兑人签章 承兑日期 2011 年 12 月 10 日				本汇票请予以承兑于到期日付款 出票人签章			

此联承兑人留存

业务 8－3

发货单

运输方式：托运

购货单位：南京百货公司　　　　2011 年 12 月 10 日　　　　编号 3254

产品编号	产品名称	单位	数量	单位成本	金额	备注
	A 产品	件	1 000	500	500 000	
合计						

销售部门负责人：×××　　发货人：×××　　提货人：×××　　制单：××

业务 9－1

海南省地方税务局税收完税证

填发日期 2011 年 12 月 11 日　　　　琼地完税字地 第 1189658

经济类型　　　　税款所属时间 2011 年 1 月～12 月

纳税人	代码	6188 9915 4961 7866 115		住址	海南省 海口市　县　区 乡（镇）　村 海甸岛人民大道路 58 号		
	名称	海南红日有限责任公司					
品样税目	税目	数量单位	计税数量	计税总值（收入所得税）	税率	已缴或扣除额（元）	税额（十万千百十元角分）
车船使用税						360	36000
							¥36000
税额合计（大写）人民币叁佰陆拾元整							
征收机关盖章	收款人	何丽		备注	琼 乙 10523　琼 L1014D		
	填票	张兰					

征税专用章

业务 10－1

投资协议书

甲方：海南红日有限责任公司

乙方：广州养天合有限公司

经双方友好协商，对乙方向甲方投入资本事宜达成如下协议：

第 1 条　乙方以货币资金 120 万元投入甲方，成为甲方的新股东，投资后享有甲方的 20% 的资本份额。

第 2 条　出资期限自本协议签订后乙方资本 1 个月内全部到位。

第 3 条　注册资本：

甲方注册资本变更为人民币伍佰万元（大写：伍佰万元）。

第 4 条　权利和责任

乙方成为甲方股东后，依法享有股东的权利和行使股东的义务。

第 5 条　生效、期限与终止

本协议经双方法人代表签字后生效。甲乙双方各执一份，公司存档备查一份。

甲方：海南红日有限责任公司　　　　乙方：广州养天合有限公司

法人代表：王胜利印　　　　法人代表：张铁林印

签订时间：2011 年 12 月 10 日　　　　签订时间：2011 年 12 月 10 日

业务 10－2

中国工商银行电汇凭证（回单）　　　　NO：0289350

委托日期 2011 年 12 月 15 日　　　　第　　号

汇款人	全称	广州养天合有限公司			收款人	全称	海南红日有限责任公司		
	账号或住址	220177661188220				账号或住址	220288991948301		
	汇出地点	广州市	汇出行名称	工行天河支行		汇入地点	海口市	汇入行名称	工行海口市支行
金额	人民币（大写）	壹佰贰拾万元整					千百十万千百十元角分		
							¥ 1 2 0 0 0 0 0 0 0		
汇款用途：投资款					（汇出行盖章）				
上列款项已根据委托办理，如需查询，请持此回单来行面洽。					年　月　日				
单位主管　会计　出纳　记账									

此联给收款人的回单

业务 11－1

<u>借　款　单</u>

2011 年 12 月 16 日　　　　　　字第 0032 号

借款人	张红	借款事由	差旅费	
所属部门	总经理办公室			
借款金额人民币（大写）	壹仟元整	核准金额	人民币（大写）壹仟元整	
审批意见：同意借支 现金付讫 于亮 2011 年 12 月 16 日	归还期限	2012 年 1 月 16 日	归还方式	回来报账

会计主管：　　复核：　　出纳：　　借款人：张红

业务 12－1

<u>领　料　单</u>

字第 1701 号

领料部门：基本生产车间　　用途：生产 A 产品　　日期：2011－12－17

品名	规格型号	单位	数量		单价	金额
			请领	实领		
甲材料		千克	4 000	4 000		
乙材料		千克	3 000	3 000		
丙材料		千克	6 000	6 000		
合计						
物料号码	备注：					

领料部门负责人：×××　　领料人：×××　　会计：×××　　发料人：×××

业务 12－2

<u>领　料　单</u>

字第 1702 号

领料部门：基本生产车间　　用途：生产 B 产品　　日期：2011－12－18

品名	规格型号	单位	数量		单价	金额
			请领	实领		
甲材料		千克	5 000	5 000		
乙材料		千克	2 000	2 000		
合计						
物料号码	备注：					

领料部门负责人：×××　　领料人：×××　　会计：×××　　发料人：×××

业务 12－3

领　料　单

字第 1703 号

领料部门：辅助生产车间　　用途：生产 C 产品　　日期：2011－12－19

品名	规格型号	单位	数量		单价	金额
			请领	实领		
甲材料		千克	2 000	2 000		
乙材料		千克	1 000	1 000		
合计						
物料号码	备注：					

领料部门负责人：×××　　领料人：×××　　会计：×××　　发料人：×××

业务 12－4

领　料　单

字第 1704 号

领料部门：行政管理部门　　用途：一般耗用　　日期：2011－12－20

品名	规格型号	单位	数量		单价	金额
			请领	实领		
乙材料		千克	4 000	4 000		
合计						
物料号码	备注：					

领料部门负责人：×××　　领料人：×××　　会计：×××　　发料人：×××

业务 13－1

广发证券海口市营业部客户股票交割单据

客户名称：海南红日有限责任公司　　2011 年 12 月 17 日

市场类别	股东代码	股票代码	股票名称	买入股票	买入金额	交易费用		备注
上海 A	A402626270	600652	爱使股份	120 000	1 030 000	20 000		
合计								

业务 14－1

中国工商银行电汇凭证（回单）

第 2254 号

委托日期　2011 年 12 月 18 日　　应解汇款编号

<table>
<tr><td rowspan="3">汇款人</td><td>全称</td><td colspan="3">海南红日有限责任公司</td><td rowspan="3">收款人</td><td>全称</td><td colspan="3">齐鲁公司</td></tr>
<tr><td>账号或住址</td><td colspan="3">220288991948301</td><td>账号或住址</td><td colspan="3">232901040000313</td></tr>
<tr><td>汇出地点</td><td>海南</td><td>汇出行名称</td><td>工商银行</td><td>汇入地点</td><td>山东</td><td>汇入行名称</td><td>农行</td></tr>
<tr><td>金额</td><td colspan="6">人民币
（大写）贰万元整</td><td colspan="3">千 百 十 万 千 百 十 元 角 分
¥ 2 0 0 0 0 0 0</td></tr>
<tr><td colspan="5">汇款用途：预付购买材料款</td><td colspan="5">留行待取预留
收款人印鉴</td></tr>
<tr><td colspan="3">款项已收入收款人账户

汇入行盖章

年　月　日</td><td colspan="2">款项已收妥

收款人盖章

2011 年 12 月 18 日</td><td colspan="5">账户（借）________
对方账户（贷）________
汇入行解汇日期　　年　　月　　日
复核×××　　出纳××
记账×××</td></tr>
</table>

此联给付款人的回单

业务 15－1

第 3287 号

委邮

委托收款凭证（支款通知）　委收号码：00214　5

委托日期：2011 年 12 月 18 日

单位主管：×××　会计：××　复核：××　记账：×××

<table>
<tr><td rowspan="3">收款单位</td><td>全称</td><td colspan="3">南岛公司</td><td rowspan="3">付款单位</td><td>全称</td><td colspan="10">海南红日有限责任公司</td></tr>
<tr><td>账号或地址</td><td colspan="3">232901040024124</td><td>账号或地址</td><td colspan="10">220288991948301</td></tr>
<tr><td>开户银行</td><td>农行</td><td>行号</td><td></td><td>开户银行</td><td colspan="10">工商银行</td></tr>
<tr><td rowspan="2">委收金额</td><td colspan="6" rowspan="2">人民币
（大写）叁拾万元整</td><td>千</td><td>百</td><td>十</td><td>万</td><td>千</td><td>百</td><td>十</td><td>元</td><td>角</td><td>分</td></tr>
<tr><td></td><td>¥</td><td>3</td><td>0</td><td>0</td><td>0</td><td>0</td><td>0</td><td>0</td><td>0</td></tr>
<tr><td>款项内容</td><td>货款</td><td>委托收款凭据名称</td><td colspan="2">发票</td><td colspan="2">附寄单证张数</td><td colspan="10">2</td></tr>
<tr><td colspan="5">备注</td><td colspan="12">付款人注意：
1. 根据结算办法，上列委托收款，如在付款期限内未据付，即视同全部同意付款，以此联代付款通知。
2. 如需提前付或多付款时，应另写书面通知送银行办理。
3. 如系全部或部分据付，应在付款期限内另填拒绝付款理由书送银行办理。</td></tr>
</table>

此联付款人开户银行给付款人按期付款的通知

业务 16－1

发货单

运输方式：托运

购货单位：长江股份有限公司　2011 年 12 月 19 日　编号 3254

产品编号	产品名称	单位	数量	单价	金额	备注
A111	A 产品	件	2 000	500	1 000 000	
B002	B 产品	件	2 000	150	300 000	

销售部门负责人：×××　发货人：×××　提货人：×××　制单：×××

业务 16－2

海南省增值税专用发票　　　　No 06554718

此联是记账联　　　　开票日期：2011 年 12 月 19 日

购货单位	名称：	长江股份有限公司			密码区		
	纳税人识别号：	370502246224754					
	地址：电话：						
	开户银行及账户	1603006119114488266					
货物或应税劳务名称	规格型号	单位	数量	单价	金额	税率	税额
A 产品		件	2 000	500	1 000 000	17%	170 000
B 产品		千克	2 000	150	300 000	17%	51 000
价税合计（大写）	壹佰伍拾贰万壹仟元整			（小写）¥1 521 000.00			
购货单位	名称：	海南红日有限责任公司			备注		
	纳税人识别号：	460100767676999					
	地址：电话：	海口市海甸岛人民大道 58 号					
	开户银行及账户	中国工商银行海口市分行 220288991948301					

第一联　记账联

收款人：×××　　复核：×××　　开票人：×××　　销货单位：（章）

业务 16－3

中国工商银行

转账支票存根（琼）

支票号码 20496000

科目______________

对方科目____________

出票日期 2011 年 12 月 19 日

收款人：联运公司
金额：1 200.00
用途：代垫运杂费

单位主管：××会计×××

业务 17－1

第 3287 号

委邮

委 托 收 款 凭证（收账通知）

4

委托日期：2011 年 12 月 20 日　　委收号码：0004567

<table>
<tr><td rowspan="3">收款单位</td><td>全称</td><td colspan="3">海南红日有限责任公司</td><td rowspan="3">付款单位</td><td>全称</td><td colspan="10">大华公司</td></tr>
<tr><td>账号或地址</td><td colspan="3">220288991948301</td><td>账号或地址</td><td colspan="10">23600007678043234</td></tr>
<tr><td>开户银行</td><td>工行海南口市支行</td><td>行号</td><td></td><td>开户银行</td><td colspan="10">农行华光路分理处</td></tr>
<tr><td rowspan="2">委收金额</td><td colspan="7" rowspan="2">人民币
（大写）伍万元整</td><td>千</td><td>百</td><td>十</td><td>万</td><td>千</td><td>百</td><td>十</td><td>元</td><td>角</td><td>分</td></tr>
<tr><td></td><td></td><td>¥</td><td>5</td><td>0</td><td>0</td><td>0</td><td>0</td><td>0</td><td>0</td></tr>
<tr><td>款项内容</td><td>货款及运费</td><td>委托收款凭据名称</td><td colspan="2"></td><td colspan="2">附寄单证张数</td><td colspan="10">2</td></tr>
<tr><td colspan="3">备注</td><td colspan="4">上列款项已全部划回收入你单位账户。
（开户银行盖章）
2011 年 12 月 20 日</td><td colspan="10">科目（借）：
对方科目（贷）：
转账 2012 年 1 月 20 日
会计　复核　记账</td></tr>
</table>

此联收款单位开户行给收款单位的收账通知

业务 18－1

海南省服务业专用发票
INVOICE FOR SERVICE TRADE OF HAINAN PROVINCE

发 票 联

INVOICE

开票日期：2011 年 12 月 21 日　　发票号：5698797887766

DATE OF ISSUEYMD　　INVOICE NO 008877666

（印章：今创广告有限公司 税号：844543567788880 发票专用章）

付款人名称：海南红日有限责任公司 NAME OF PAYER	
项　目：广告费 SERVICE ITEM	
付款金额（大写）：壹仟伍佰陆拾元整 AMOUNT OF PAYMENT（IN WORD）	（小写）¥1 560.00 （IN FIGURES）
附注： NOTES	

第二联　发票联

开票单位签章：STAMPED BY ISSUER　　经手人：赵朝阳 HANDLER　　纳税识别号：TAX PAYERIDENTIFICATION NUMBER

地址：ADD　　电话：TEL　　复核人：CHECKED BY

业务 18－2

中国工商银行

转账支票存根

支票号码 20496000

科目＿＿＿＿＿＿＿＿

对方科目＿＿＿＿＿＿

出票日期 2011 年 12 月 21 日

收款人：今创广告公司
金额：1 560.00
用途：广告费

单位主管：××会计×××

业务 19－1

差旅费报销单

2011 年 12 月 22 日 填　　附件 5 张

姓名	张红	出差地点	武汉		出差事由	采购材料	日期	12 月 16 日起 1 月 21 日止
乘火车费	自武汉站至海口站				金额	300.00	说明： 原借款 1 000 元，补付现金 500 元	
乘汽车费	自　站至　站				金额			
乘　费	自　站至　站				金额			
行李运费	千克	每千克　元			金额			
出差补助费	5 天	定额	40		金额	200.00		
旅馆费	5 天	定额			金额	1 000.00		
其他								
合计金额	小写	1 500.00					单位负责人	于亮 2011 年 12 月 22 日
	大写	壹仟伍佰元整						

会计主管：赵一　　出纳：丁凡　　报销人：张红

业务 20－1

增值税专用发票

No 03364852

此联是发票联　　开票日期：2011 年 12 月 22 日

购货单位	名称：	海南红日有限责任公司			密码区			
	纳税人识别号：	460100767676999						
	地址：电话：	海口市海甸岛人民大道 58 号						
	开户银行及账户	工行海口市行 220288991948301						
货物或应税劳务名称		规格型号	单位	数量	单价	金额	税率	税额
甲材料			千克	3 000	5	15 000	17%	2 550
丙材料			千克	6 000	2	12 000	17%	2 040
价税合计（大写）		叁万壹仟伍佰玖拾元整			（小写）¥31590.00			
销货单位	名称：	齐鲁公司			备注			
	纳税人识别号：	430102800667389						
	地址：电话：							
	开户银行及账户	232901040000313						

第二联　发票联

收款人：×××　　复核：×××　　开票人：×××　　销货单位：（章）

业务 20－2

铁路局运费杂费收据

No 066512

付款单位或姓名：海南红日有限责任公司　　2011 年 12 月 22 日

原运输票据	年　月　日　第　号		办理种别	
发　站	济南火车站		到　站	海口火车站
车种车号			标重	
货物名称	件数	包装	重量	计费重量
甲材料	4	箱	3 000 千克	3 000 千克
丙材料	8	箱	6 000 千克	6 000 千克
类别	费率	数量	金额	附记
运费			900.00	
装卸费				
合计金额（大写）：玖佰元整			900.00	
收款单位：济南火车站	经办人：		李伟	

业务 20－3

中国工商银行

转账支票存根

支票号码 20496000

科目__________________

对方科目______________

出票日期 2011 年 12 月 22 日

收款人：齐鲁公司
金额：12 490.00
用途：货款

单位主管：××会计×××

业务 21－1

中华人民共和国税收罚款收据

2011 年 12 月 25 日　　　　单位：元

<table>
<tr><td rowspan="2">纳税人</td><td>代码</td><td colspan="2">6188 9915 4961 7866 115</td><td>地　址</td><td colspan="8">海口市海甸岛人民大道 58 号</td></tr>
<tr><td>名称</td><td colspan="2">海南红日有限责任公司</td><td>补税凭证号</td><td colspan="8"></td></tr>
<tr><td colspan="2" rowspan="2">违章性质</td><td rowspan="2">违章金额</td><td rowspan="2">处罚种类</td><td rowspan="2">处罚比例</td><td rowspan="2">处罚收入科目名称</td><td colspan="7">处罚金额</td></tr>
<tr><td>万</td><td>千</td><td>百</td><td>十</td><td>元</td><td>角</td><td>分</td></tr>
<tr><td colspan="2">滞纳金</td><td>8 000 000</td><td></td><td>3‰</td><td></td><td>2</td><td>4</td><td>0</td><td>0</td><td>0</td><td>0</td><td>0</td></tr>
<tr><td colspan="2"></td><td></td><td></td><td></td><td></td><td></td><td></td><td></td><td></td><td></td><td></td><td></td></tr>
<tr><td colspan="2"></td><td></td><td></td><td></td><td></td><td></td><td></td><td></td><td></td><td></td><td></td><td></td></tr>
<tr><td colspan="6">金额合计　（大写）贰万肆仟元整</td><td>2</td><td>4</td><td>0</td><td>0</td><td>0</td><td>0</td><td>0</td></tr>
<tr><td colspan="2">税务机关
（盖章）</td><td colspan="2">填票人
（章）</td><td>备注</td><td colspan="8"></td></tr>
</table>

业务 22－1

第 3287 号

委收号码：

委邮

<u>**委　托　收　款**凭证（收账通知）</u>

1

委托日期：2011 年 12 月 29 日

收款单位	全称	海南红日有限责任公司		付款单位	全称	长江股份有限公司
	账号或地址	220288991948301			账号或地址	1603006119114488266
	开户银行	工行	行号		开户银行	工商银行
委收金额	人民币（大写）					千 百 十 万 千 百 十 元 角 分
款项内容	货款	委托收款凭据名称	发票		附寄单证张数	2 张
备注：代垫运杂费 1 200.00			款项收妥日期 年　月　日			

此联收款单位开户行给收款单位的收账通知

单位主管：×××　　会计：××　　复核：××　　记账：×××

业务 23－1

董事会决议：

我公司应付南隆公司款项 3 000 元，接法院通知，该公司已经破产。根据相关规定，作营业外收入，请财务部门办理相关账务处理事宜。

海南红日有限责任公司

2011 年 12 月 30 日

业务 24－1

海口自来水公司水费账单（代收据）

2011 年 12 月 31 日　　7665

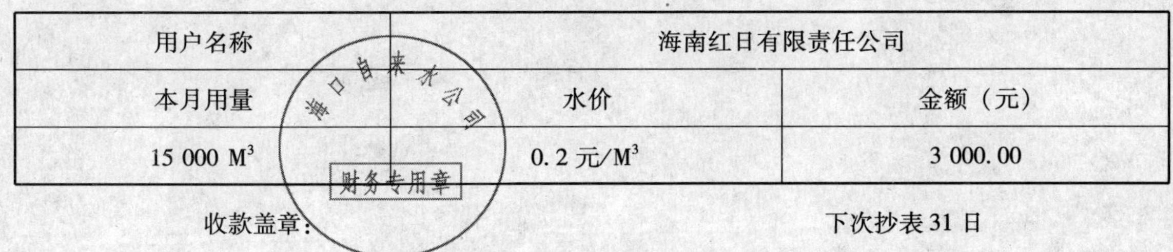

用户名称	海南红日有限责任公司	
本月用量	水价	金额（元）
15 000 M^3	0.2 元/M^3	3 000.00

收款盖章：　　下次抄表 31 日

业务 24－2

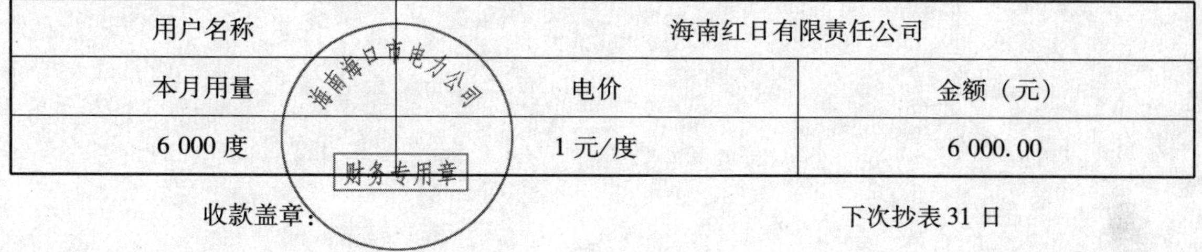

海口电力公司电费账单（代收据）

2011 年 12 月 31 日　　76789

用户名称	海南红日有限责任公司	
本月用量	电价	金额（元）
6 000 度	1 元/度	6 000. 00

收款盖章：　　下次抄表 31 日

业务 24－3

托收凭证（付款通知）　5　　委托号码：00856

委托日期 2011 年 12 月 31 日　付款期限 2011 年 12 月 31 日

业务类型		委托收款（□邮划、□电划）		托收承付（□邮划、□电划）	
付款人	全　称	海南红日有限责任公司	收款人	全　称	海口市供电局
	账　号	2202 8899 1948 301		账　号	6158 7941 5463 1232 249
	地　址	海南省海口市		地　址	海南省海口市
汇出行名称		工商银行海口支行	汇入行名称		工商银行海口支行
委收金额	人民币（大写）陆仟元整			亿 千 百 十 万 千 百 十 元 角 分	¥ 6 0 0 0 0 0
款项	电费	委托收款凭据名称		附寄单证张数	
备注： 付款人开户银行收到日期：2011 年 12 月 31 日 复核：黄雄 记账：金芳		付款人开户银行盖章	付款人注意： 1. 根据支付结算办法，上列委托收款（托收承付）款项在付款期限内未提出拒付，即视为同意付款，以此代付款通知。 2. 如需提出全部或部分拒付，应在规定期限内，将拒付理由书并附债务证明退交开户银行。		

此联付款人开户银行给付款人付款通知

业务 24－4

托收凭证（付款通知） 5　　　　委托号码：00857

委托日期 2011 年 12 月 16 日　付款期限 2011 年 12 月 31 日

<table>
<tr><td colspan="2">业务类型</td><td colspan="2">委托收款（□邮划、□电划）</td><td colspan="3">托收承付（□邮划、□电划）</td></tr>
<tr><td rowspan="3">付款人</td><td>全　称</td><td>海南红日有限责任公司</td><td rowspan="3">收款人</td><td>全　称</td><td colspan="2">海口市自来水公司</td></tr>
<tr><td>账　号</td><td>2202 8899 1948 301</td><td>账　号</td><td colspan="2">6151 7943 5493 1238 468</td></tr>
<tr><td>地　址</td><td>海南省海口市</td><td>地　址</td><td colspan="2">海南省海口市</td></tr>
<tr><td colspan="2">汇出行名称</td><td>工商银行市支行</td><td colspan="2">汇入行名称</td><td colspan="2">工商银行市支行</td></tr>
<tr><td>委收金额</td><td colspan="4">人民币（大写）叁仟元整</td><td colspan="2">亿 千 百 十 万 千 百 十 元 角 分
¥ 3 0 0 0 0 0</td></tr>
<tr><td>款项</td><td colspan="2">水费</td><td>委托收款凭据名称</td><td colspan="2"></td><td>附寄单证张数</td></tr>
<tr><td colspan="2">备注：

付款人开户银行收到日期：2011 年 12 月 16 日
复核：陈守才
记账：于芳</td><td colspan="2">付款人开户银行盖章</td><td colspan="3">付款人注意：
1. 根据支付结算办法，上列委托收款（托收承付）款项在付款期限内未提出拒付，即视为同意付款，以此代付款通知。
2. 如需提出全部或部分拒付，应在规定期限内，将拒付理由书并附债务证明退交开户银行。</td></tr>
</table>

此联付款人开户银行给付款人付款通知

业务 25－1

固定资产盘点盈亏报告表

2011 年 12 月 31 日

<table>
<tr><td rowspan="2">固定资产名称</td><td rowspan="2">固定资产型号规格</td><td colspan="3">盘盈</td><td colspan="3">盘亏</td><td rowspan="2">原因</td></tr>
<tr><td>数量</td><td>重置价值</td><td>估计折旧</td><td>数量</td><td>原始价值</td><td>已提折旧</td></tr>
<tr><td>电子设备</td><td>A－116</td><td></td><td></td><td></td><td>1</td><td>50 000</td><td>45 000</td><td>丢失</td></tr>
<tr><td></td><td></td><td></td><td></td><td></td><td></td><td></td><td></td><td></td></tr>
<tr><td></td><td></td><td></td><td></td><td></td><td></td><td></td><td></td><td></td></tr>
<tr><td rowspan="2">处理意见</td><td>清查小组</td><td colspan="3">设备部门</td><td colspan="4">领导审批</td></tr>
<tr><td>调整账面价值并报批
签章：吕树</td><td colspan="3"></td><td colspan="4">同意转做营业外支出

签章：王一立　2011 年 12 月 31 日</td></tr>
</table>

复核：　　　　　　　　　　　　制表：

第二联　报批后记账

业务 26－1

固定资产折旧计算汇总表

2011 年 12 月　　　　单位：元

使用部门	固定资产类别	上月计提折旧额	上月增加的固定资产应计提的折旧额	上月减少的固定资产应计提的折旧额	本月应计提的折旧额	备注
辅助车间	房屋及建筑物	6 000			6 000	
	机器设备	7 000	2 000		9 000	
	小计	13 000	2 000		15 000	
管理部门	房屋及建筑物	800			800	
	机器设备	200			200	
	小计	1 000			1 000	
合计		14 000	2 000		16 000	

审核：　　　　制表：

业务 27－1

无形资产摊销表

2011 年 12 月　　　　单位：元

使用部门	无形资产项目	本月应摊销的金额	备注
管理部门	土地使用权	1 500	
	软件	500	
	小计	20 000	
合计		20 000	

审核：　　　　制表：

业务 28－1

工资费用分配表

2011 年 12 月

车间、部门		应分配金额	应借账户
车间生产人员工资	A 产品工人	60 000.00	
	B 产品工人	30 000.00	
	车间生产人员工资合计	90 000.00	
车间管理人员工资		10 600.00	
在建工程人员工资		20 000.00	
厂部管理人员工资		9 400.00	
合　计		130 000.00	

主管：林雁　　　　审核：吴为　　　　制单：王名

业务 29－1

利息计算表

单位：元

项目	本金	年利率	计息期	小计	备注
			12 月 1 日－12 月 31 日		
短期借款	1 000 000	3%			
合计	1 000 000	3%			

审核：　　　　　　　　　　制表：

业务 30－1

制造费用分配表

2011 年 12 月

应借账户	生产工人工资	分配率	分配金额
生产成本——A 产品	60 000		
生产成本——B 产品	30 000		
合计	90 000		

会计主管　　　　　　　　审核：　　　　　　　　制表：

业务 31－1

坏账准备计算表

2011－12－31

单位：元

月初应收账款金额	月初坏账准备金额	月末应收账款金额	月末坏账准备金额	本月应计提或冲销的坏账金额
135 000	675			
合计				

会计主管：　　　　　　　　审核：　　　　　　　　制表：

业务 32－1

海南红日有限责任公司产品入库单

（记账联）

生产部门：生产车间　　2011 年 12 月 31 日　　NO. 34563

编号	产品名称	规格	计量单位	检验结果		数量		单位成本（元）	总成本（元）
				合格	不合格	应收	实收		
01	A 产品	2＊3＊4	件	合格		350	350		
02	B 产品	2＊3＊2	件	合格		800	800		
合　计						1 150	1 150		

主管：　　记帐：　　仓库保管：李平　　质量检测：周见天

业务 32－2

产品生产成本计算表

2011 年 12 月 31 日　　单位：元

成本项目 \ 产品名称		A 产品（350 件）		B 产品（800 件）	
		总成本	单位成本	总成本	单位成本
直接材料	甲材料				
	乙材料				
	丙材料				
	合计				
直接人工	工资				
制造费用					
产品生产成本总计					

主管：　　复核：　　制表：

业务 33－1

产品销售成本计算表

2011 年 12 月 31 日

类别	产品名称及规格	单位	月初结存		本月收入		销售数量	销售单位成本	销售总成本
			数量	总成本	数量	总成本			
产成品	A 产品	件					3 000		
	B 产品	件					2 000		
合　计									

业务34－1

城建税、教育费附加计算表

2011年12月31日　　单位：元

项目	计算依据	比例	金额
城建税		7%	
教育费附加		3%	
合计			

业务35－1

广发证券海口市营业部客户股票余额单据

客户名称：海南红日有限责任公司　　2011年12月31日

市场类别	股东代码	股票代码	股票名称	买入股票	买入金额	市场价值
上海A	A402626270	600652	爱使股份	120 000	1 030 000	1 050 000
合 计						

业务36－1

月终结转“本年利润”明细表

2011年12月31日　　单位：元

账户名称	转入贷方金额	账户名称	转入借方金额
主营业务收入		主营业务成本	
其他业务收入		其他业务成本	
投资收益		营业税金及附加	
营业外收入		销售费用	
公允价值变动损益		管理费用	
		财务费用	
		营业外支出	
		投资收益	
合计		合计	

业务 37－1

“所得税费用”计算表

2011 年 12 月 31 日

项目	金额	备注
利润总额		报表数
纳税调整数		
应纳税所得额		
所得税率	25%	
应纳所得税额		
递延所得税资产增加额		
递延所得税负债增加额		
合计		

业务 38－1

年终结转“本年利润”明细表

2011 年 12 月 31 日

科目	借方金额	贷方金额	备注
本年利润			
利润分配			
合计			

主管： 复核： 制表：

业务 39－1

利润分配计算表

2011 年 12 月 31 日

项目	净利润	提取比例	计提金额	备注
法定盈余公积		10%		
分配利润		20%		

主管： 复核： 制表：

业务 40－1

利润分配明细表

2011 年 12 月 31 日

<table>
<tr><th colspan="2">项目</th><th>比例</th><th>金额</th><th>备注</th></tr>
<tr><td colspan="2">净利润净额</td><td></td><td></td><td></td></tr>
<tr><td rowspan="5">分配去向</td><td>计提盈余公积</td><td>10%</td><td></td><td></td></tr>
<tr><td>分配给投资者利润</td><td>20%</td><td></td><td></td></tr>
<tr><td>未分配利润</td><td></td><td></td><td></td></tr>
<tr><td></td><td></td><td></td><td></td></tr>
<tr><td>小计</td><td></td><td></td><td></td></tr>
</table>

附报表样表

资 产 负 债 表

会企 01 表

编制单位：　　　　　　　　年　月　日　　　　　　　　单位：

资产	期末余额	年初余额	负债及所有者权益	期末余额	年初余额
流动资产：			流动负债：		
货币资金			短期借款		
交易性金融资产			交易性金融负债		
应收票据			应付票据		
应收账款			应付账款		
预付账款			预收账款		
应收利息			应付职工薪酬		
应收股利			应交税费		
其他应收款			应付利息		
存货			应付股利		
一年内到期的非流动资产			其他应付款		
其他流动资产			一年内到期的非流动负债		
流动资产合计			其他流动负债		
非流动资产：			流动负债合计		
可供出售的金融资产			非流动负债：		
持有至到期投资			长期借款		
长期应收账款			应付债券		
长期股权投资			长期应付款		
投资性房地产			专项应付款		

续表

资产	期末余额	年初余额	负债及所有者权益	期末余额	年初余额
固定资产			预计负债		
在建工程			递延所得税负债		
工程物资			其他非流动负债		
固定资产清理			非流动负债合计		
生产性生物资产			负债合计		
油气资产			所有者权益（或股东权益）		
无形资产			实收资本（或股本）		
开发支出			资本公积		
商誉			减：库存股		
长期待摊费用			盈余公积		
递延所得税资产			未分配利润		
其他非流动资产			所有者权益（或股东权益）合计		
非流动资产合计					
资产总计			负债和所有者权益（或股东权益）总计		

企业盖章：　　　　企业负责人：　　　　财务负责人：　　　　制表人：

利润表

会企 02 表

编制单位：　　　　年　　月　　　　单位：

项　目	本期金额	本年累计金额
一、营业收入		
减：营业成本		
营业税金及附加		
销售费用		
管理费用		
财务费用		
资产减值损失		
加：公允价值变动收益（损失以“－”号填列）		
投资收益（损失以“－”）号填列		
其中：对联营企业和合营企业的投资收益		

续表

项　目	本期金额	本年累计金额
二、营业利润（亏损以“－”号填列）		
加：营业外收入		
减：营业外支出		
其中：非流动资产处置损失		
三、利润总额（亏损总额以“－”）		
减：所得税费用		
四、净利润（净亏损以“－”号填列		
五、每股收益		
（一）基本每股收益		
（二）稀释每股收益		

现金流量表

会企 03 表

编制单位：　　　　　　　　年度　　　　　　　　单位：

一、经营活动产生的现金流量：		
销售商品、提供劳务收到的现金		
收到的税费返还		
收到的其他与经营活动有关的现金		
经营活动现金流入小计		
购买商品、接受劳务支付的现金		
支付给职工以及为职工支付的现金		
支付的各项税费		
支付的其他与经营活动有关的现金		
经营活动现金流出小计		
经营活动产生的现金流量净额		
二、投资活动产生的现金流量：		
收回投资所收到的现金		
取得投资收益所收到的现金		
处置固定资产、无形资产和其他长期资产所收回的现金净额		
处置子公司及其他营业单位收到的现金净额		
收到的其他与投资活动有关的现金		
投资活动现金流入小计		
购建固定资产、无形资产和其他长期资产所支付的现金		
投资支付的现金		
取得子公司及其他营业单位支付的现金净额		
支付的其他与投资活动有关的现金		
投资活动现金流出小计		

续表

投资活动产生的现金流量净额		
三、筹资活动产生的现金流量：		
吸收投资所收到的现金		
取得借款收到的现金		
收到的其他与筹资活动有关的现金		
筹资活动现金流入小计		
偿还债务所支付的现金		
分配股利、利润和偿付利息所支付的现金		
支付的其他与筹资活动有关的现金		
筹资活动现金流出小计		
筹资活动产生的现金流量净额		
四、汇率变动对现金及现金等价物的影响		
五、现金及现金等价物净增加额		
加：期初现金及现金等价物		
六、期末现金及现金等价物		

参考文献

[1] 财政部会计资格评价中心．初级会计实务．北京：中国财政经济出版社，2012
[2] 中国注册会计师协会．会计．北京：中国财政经济出版社，2012
[3] 财政部会计资格评价中心．中级会计实务．北京：经济科学出版社，2012
[4] 企业会计准则编审委员会．企业会计准则案例讲解．上海：立信会计出版社，2009
[5] 财政部会计司编写组．企业会计准则讲解．北京：人民出版社，2008
[6] 企业会计准则——应用指南2006. 北京：中国财政经济出版社，2006

图书在版编目(CIP)数据

财务会计实务学习指导、习题与项目实训 / 杨秀玉,何忠谱 主编 . —北京:中国传媒大学出版社, 2013. 5
ISBN 978 - 7 - 5657 - 0703 - 2
Ⅰ. ①财… Ⅱ. ①杨…②何… Ⅲ. ①财务会计—自学参考资料 Ⅳ. ①F234. 4
中国版本图书馆 CIP 数据核字(2013)第 084530 号

财务会计实务学习指导、习题与项目实训

作　　者:杨秀玉　何忠谱
责任编辑:李　莉　穆会荣
责任印制:曹　辉
封面设计:雨 & 寒
出 版 人:蔡　翔

出版发行:中国传媒大学出版社
社　　址:北京市朝阳区定福庄东街 1 号　邮编:100024
电　　话:65450532 或 65450528　传真:010 - 65779405
网　　址:http://www. cucp. com. cn
经　　销:全国新华书店
印　　刷:北京市昌平新兴胶印厂

开　　本:787 × 1092 毫米　1/16
印　　张:14. 5
字　　数:306 千字
版　　次:2013 年 5 月第 1 版　2013 年 5 月第 1 次印刷

ISBN 978 - 7 - 5657 - 0703 - 2/F · 0703　定价:30. 00 元